Fanny Lewald

Prinz Louis Ferdinand

Ein Zeitbild - 2. Band

Fanny Lewald

Prinz Louis Ferdinand

Ein Zeitbild - 2. Band

ISBN/EAN: 9783959135535

Auflage: 1

Erscheinungsjahr: 2017

Erscheinungsort: Treuchtlingen, Deutschland

Literaricon Verlag UG (haftungsgeschränkt), Uhlbergstr. 18, 91757 Treuchtlingen. Geschäftsführer: Günther Reiter-Werdin, www.literaricon.de. Dieser Titel ist ein Nachdruck eines historischen Buches. Es musste auf alte Vorlagen zurückgegriffen werden; hieraus zwangsläufig resultierende Qualitätsverluste bitten wir zu entschuldigen.

Printed in Germany

Cover: Heldentod des Prinzen Louis Ferdinand bei Saalfeld, in: Carl Röchling, Richard Knötel, Woldemar Friedrich: Die Königin Luise in 50 Bildern für Jung und Alt , Paul Kittel (Hrsg.), Berlin 1896, Abb. gemeinfrei

Prinz Louis Ferdinand.

Ein Zeitbild

von

Fanny Lewald.

Zweiter Band.

(Die Verfasserin behält sich das Recht der Uebersetzung in das Englische vor.)

Berlin, 1859.

Verlag von A. Hofmann & Comp.

Erstes Kapitel.

An einem schönen Septembertage des Jahres Ein tausend acht hundert und drei, fast zwei Jahre nach den zuletzt erwähnten Vorgängen, hielten in der Lindenstraße zu Berlin mehrere elegante Wagen vor einem der Häuser, welche damals, von der Jerusalemer Kirche bis zum Hallischen Thore abwärts, noch vereinzelt da standen. Von großen Gärten begrenzt, die Mitte bildend zwischen ländlichen und städtischen Wohnungen, vereinigten sie in sich die Annehmlichkeiten von beiden.

In dem Garten dieses Hauses ward die Weinlese in aller Form gefeiert. Eine zahlreiche Familie, Eltern, Kinder, Verwandte und Freunde, Alle offenbar den höchsten Ständen angehörend, kletterten auf Leitern an den Spalieren umher, die reifen Trauben in Körbe zu sammeln, wozu man es sich mit einer Art berechneter Nachlässigkeit bequem gemacht hatte. Die Kleider der Frauen waren mehr geschürzt, als die Nothwendigkeit des Steigens es bedingte, die Strohhüte größer, als die vorgerückte Jahreszeit verlangte. Nach dem Beispiel des Hausherrn gingen die Männer zum Theile in Weste und Hemdeärmeln umher, obschon mancher von ihnen, der luftigen Tracht ungewohnt, sehnsüchtig nach seinem Frack und nach den Kaminen der Zimmer blickte.

Der Hausherr schien ein Mann in der Mitte der vierziger Jahre. Seine kleine, zierliche Gestalt war fett geworden, die schwarzen Augen glänzten aus rothen, etwas schwammigen Wangen hervor, ihr schwärmerischer Ausdruck bildete einen wunderlichen Gegensatz mit den schlauen Falten, die sich an den Schläfen hinzogen, mit dem Lächeln der starken, sinnlichen Lippen. Er war ganz in die Erntefreude vertieft, und stieg eine Leiter herab, den Korb voll blauer Trauben vorsichtig zur Erde setzend.

Wenn mir Preußen Nichts verdankt, wenn es Alles verkennt, was ich für das Land gethan habe, sagte er zu einem neben ihm Stehenden, so muß man mir zugeben, daß ich der Erste bin, welcher diese Muskatellertrauben in solcher Vollkommenheit bei uns erzielte. Gestehen Sie, lieber Neal! selbst die besten Exemplare von Sanssouci sind diesen Trauben kaum zu vergleichen.

Excellenz sollten der Königin davon senden, welche zweifelte, daß dieser Garten dieselben Vortheile für die Weinkultur darböte, als die vor Wind geschützten Terrassen ins Sanssouci.

Glauben Sie, daß ich ehrgeizig bin? lieber Kammerherr, nicht im Geringsten. Ich habe es in Staatsgeschäften gelernt, mich des Anspruchs auf Anerkennung zu entschlagen, den Segen meiner Arbeit von Andern ohne Dank genießen zu lassen. Hieher fliehe ich, um Lob und Tadel nur in meinem Innern zu suchen, um diese Früchte meiner eigensten Arbeit heiter mit meinen Freunden zu verzehren. Hierher folgt mir das Rasseln der Räder nicht, welche die Staatsmaschine treiben, hier erreicht mich kein Ton des Weltlärmes, hier bin ich nicht Minister, hier bin ich Mensch, hier darf ich's sein!

Mit diesen Worten säuberte der Staatsminister von Haugwitz an einem Battisttuche seine Hände, und schien von den Personen seiner Umgebung, die sich allmählig um ihn versammelt hatten, den Beifall für diese Aeußerungen zu erwarten, welchen der angeredete Kammerherr von Neal, vom Hofstaate der Prinzessin

Ferdinand, zuerst lebhaft zu erkennen gab. Die Andern stimmten zum großen Theile mit ein, man pries den Minister glücklich, daß er sich den Sinn für diese schuldlosen Freuden zu erhalten gewußt habe. Er umarmte seine Gemahlin, winkte seine Familie heran und sagte: wem Gott solche Schätze gegeben hat, der darf wohl behaupten, daß er berufen sei, das Menschenleben in seiner rein menschlichen Schönheit zu genießen, welche eben darum die idea= lische Schönheit ist, und, wie sich von selbst versteht, in innigem Zusammenhange mit den heiligen Freuden der Natur bleiben muß. Ehe ich diese meine ländlichen Genüsse opferte, wollte ich lieber alle Ehren der Welt meiden, und die Macht dem theuern Vater= lande zu dienen, aus den Händen geben.

Die Seinen schmiegten sich mit einer wirklichen Innigkeit an ihn, deren Ausdruck indessen gemacht und theatralisch war, und die Gäste umgaben ihn mit denjenigen Zeichen gerührter Theil= nahme, welche diese Gruppe zu erfordern schien.

Nur zwei Männer, die sich ferner hielten, blickten mit kaum verhehltem Spotte auf Haugwitz, als er plötzlich durch eine schnelle Bewegung die Gruppe auflöste, mit komischer Ungeschicktheit sein Beinkleid in die Höhe zog, seine Halsbinde fester band, aus einer goldenen Tabaksdose eine Prise nahm, und mitten in der Rüh= rung, zweimal auf dieselbe klopfend, den feinen Spaniol mit un= schöner, gieriger Hast zur Nase führte.

Er schnupft so ungeschickt als er regiert, und Macht und Ein= fluß könnten ihm einmal unversehens aus den Händen fallen, wie jetzt der Spaniol! sagte Graf Tilly zu seinem Gefährten, dem russischen Gesandten Alopäus. Das kommt davon, wenn man die Grenzen seines eigentlichen Berufes verkennt und überschreitet.

Und welches wäre der eigentliche Beruf des Ministers, mein werther Graf Tilly? fragte der Gesandte.

Mein Gott! es steckt ein Poet in ihm, der literarisch nicht zum Ausbruche gekommen ist, und der nun im Leben überall seine Hörner hervordrängt. Hier in der Lindenstraße, beim Blöcken seiner Heerden, im Kreise der schäferlich geputzten Familie, schafft er seine Idyllen. Seine Maitressen und Tänzerinnen helfen ihm zu orientalischen Haremsphantasieen, und er selbst würde Preußen gern zu glorreichen Siegesgesängen verhelfen, wenn dazu nicht Etwas mehr nöthig wäre, als die grillenhaften Einfälle eines Phantasten.

Ihnen Graf Tilly, meinte der Kammerherr, sollten doch diese ländlichen Feste nicht auffallen, da Sie in Trianon dergleichen viel gefeiert haben.

Und wie mit den Festen in Trianon, sagte Alopäus, wird es in Preußen enden. Die Monarchie geht dem Untergange entgegen, wenn Haugwitz am Ruder bleibt, wenn die jetzigen Ansichten weiter befolgt werden. Man tanzt, man giebt Maskeraden, aber unter den Masken schlagen die Herzen der Verständigen angstvoll der Zukunft entgegen. Man schließt Augen und Ohren, will nicht sehen, was jenseits der Grenzen geschieht, will nicht hören, was die Stimme im Lande fordert. Man phantasirt von friedlichen Idyllen, von patriarchalischem Völkerglück; indeß Napoleon Bonaparte läßt sich nicht fort phantasiren und die zwei hundert vierzig Quadratmeilen, welche Preußen durch den Bund mit Frankreich so widerrechtlich auf Kosten des deutschen Reiches gewonnen hat, lassen sich nicht hinter Weinspaliere verstecken.

Es denken Viele wie Sie, seufzte der Kammerherr, auch an unserem Hofe. Prinz Louis, seine Schwester die Prinzessin Radziwil, und die Königin vor Allen, fühlen die Demüthigung durch jene Abhängigkeit, die mit allen Erwerbungen nicht aufgewogen werden kann; aber ihre Stimmen werden nicht beachtet.

Weil sie Alle einzeln sprechen, fiel Tilly ein, weil die Ansicht des Volkes nicht mit in Anschlag kommt.

Das sagen Sie, der Anhänger der vertriebenen Bourbonen, der Vertheidiger strenger Legitimität? Sie sprechen von der Stimme des Volkes?

Ich habe die Macht des Volkes nicht vergebens zu unserem Nachtheile kennen gelernt. Das Volk in Preußen ist gegen die Revolution, gegen die Neuerungen in Frankreich, gegen Bonaparte —

Nicht unbedingt gegen die Revolution, nicht unbedingt gegen die Neuerungen, Graf Tilly! Aber gegen die Herrschaft Frankreichs ist das Volk allerdings, erklärte Neal.

Gleichviel, lieber Graf! wenn es nur gegen Bonaparte und die jetzige Ordnung der Dinge ist, wenn es nur den Krieg gegen Frankreich fordert. Was kümmern uns die Beweggründe, da die Forderung unseren Zwecken entspricht? Schaffen Sie Haugwitz fort, stellen Sie den Prinzen Louis, der die Neigung der Jugend besitzt, an die Spitze des Heeres, so wird das Volk in Schaaren zu den Fahnen strömen und Bonaparte's Macht gebrochen werden.

Und dann? fragte Alopäus.

Dann — wiederholte der Graf, aber ehe er den Nachsatz sprechen konnte, fügte Neal hinzu: Dann wird man wieder Winzerfeste im kleinen Trianon feiern und Graf Tilly den Schönen dort von seinen glücklichen Abenteuern in Deutschland erzählen.

Tilly nahm es für einen Scherz, obschon er den Tadel des Deutschen wohl herausfühlte, und wendete sich mit einer gleichgültigen Frage der übrigen Gesellschaft zu. So blieben der Kammerherr und der Gesandte allein. Sie gingen in den Alleen des Gartens auf und nieder, während die Anderen sich in das Haus zurückzogen, wo ein Familienball das Winzerfest beschließen sollte.

Wie haben Sie den Prinzen Louis gefunden? fragte Alopäus.

Unverändert! Ganz wie wir ihn seit seiner Rückkehr aus Schricke kennen. Ernster als früher, mit mancherlei wissenschaftlichen Studien beschäftigt, welche ihn zum Feldherrn ausbilden sollen, aber dieser Studien müde, da die Anerkennung der preußischen Landeserweiterungen seitens des deutschen Reiches die Aussicht auf den Krieg zerstört hat. Dabei ohne die liebenswürdige

Frische, welche man sonst an ihm bewunderte. Es schwebt ein geheimnißvolles Dunkel über die letzten Tage seines Aufenthaltes in Schricke. Man darf dieser Zeit nicht erwähnen, ohne ihn zu verstimmen. Irgend ein Abenteuer mit der Frau eines Beamten muß tragisch geendet haben; sie soll tiefsinnig, todt sein, es soll ein übles Zusammentreffen mit ihrem Gatten gegeben haben. Man weiß es nicht! Aber etwas sehr Schmerzliches muß es sein, denn selbst Rahel Levin und seine nächste Umgebung kennen die Thatsachen nicht.

Sieht er die Levin viel?

Fast täglich seit ihrer Rückkehr von Paris.

Und wie steht es mit der Fromm?

Sie sind nach der Geburt ihrer Tochter, und seit der Prinz sich mit ihr in dem Hause an der Weidendammer Brücke, welches er gekauft hat, förmlich eingerichtet, auch zu einer förmlichen Häuslichkeit gekommen, das heißt zu einer gründlich unglücklichen Ehe, der nichts fehlt als der priesterliche Segen. Sie lieben sich, hassen sich, quälen sich, als wären sie Eheleute, die nicht von einander könnten. Auch ein Cicisbeo ist da. Und dies Verhältniß, von dem selbst die Prinzessin Mutter sich Gutes versprach, von dem sie Beruhigung des Prinzen hoffte, wird ihm zum Verderben, denn mehr als je hascht er nach betäubender Zerstreuung, um sich selbst und seiner Häuslichkeit zu entfliehen.

Alopäus hörte mit schweigendem Bedauern zu, fragte dann nach einigen Nebenumständen in den Verhältnissen des Prinzen, sprach von den Gesinnungen der anderen Personen des preußischen Königshauses und sagte: die letzte Hoffnung zu Bonapartes Sturz und zur Erhebung der gesunkenen Fürsten ruht in Bonaparte selbst. Sein maaßloser Ehrgeiz wird es dem Friedfertigsten unmöglich machen, Frieden zu halten und die Schaale des Zornes so bald füllen, daß sie überfließen und ihn vernichten muß.

Zweites Kapitel.

Um die zehnte Abendstunde desselben Tages erwarteten im kleinen Empfangszimmer der Kammerherr Graf Neal und seine Gemahlin, die Oberhofmeisterin der Prinzessin Ferdinand, die Rückkehr der Letzteren.

Wie immer, so hatte die Prinzessin auch heute von acht bis neun Uhr mit ihrem Gatten seine Partie Piquet gespielt, seine Fragen über kleine Vorfälle des Tages beantwortet, die Erzählungen von den Wunderlichkeiten und Eigenthümlichkeiten seiner Lieblingshunde auf's Neue geduldig angehört, und dann mit ihm das Zimmer verlassen, um ihn zu Bette zu bringen. Darauf legte der Prinz großen Werth, denn er behauptete, nicht gut zu schlafen, wenn nicht die Prinzessin selbst ihm die Kopfkissen zurecht rückte und das Deckbett festlegte.

Je weniger innere und äußere Gemeinschaft die Gatten aber von jeher mit einander gehabt hatten, um so strenger machte die geistvolle, lebhafte Fürstin es sich zur Pflicht, diesen kleinlichen Forderungen des unbedeutenden, phlegmatischen Prinzen zu genügen. Weder ein Fest in dem eigenen Hause, noch irgend ein anderer Anlaß, ließen sie jemals davon abweichen.

Die Oberhofmeisterin ruhte ermüdet auf einem Sessel. Sie

hatte den Kopf in die Hand gestützt und blickte gedankenvoll vor sich nieder, während der Graf, vor ihr stehend, ihr seine Unterredung mit Alopäus und Tilly wiederholte, und sie fragte, ob der Prinz in den letzten Tagen im Palais seiner Eltern erschienen sei?

Wie immer seit dem Beginn des unglücklichen Prozesses, nur zu den Empfangsstunden, in denen die Sitte es fordert, antwortete die Gräfin. Die Prinzessin Mutter bereut es jetzt selbst, nach dem Tode des Prinzen Heinrich, der Prinz Louis zum alleinigen Erben eingesetzt, auf Umstoßung des Testamentes zu Gunsten ihres zweiten Sohnes, des Prinzen August, geklagt zu haben. Man hat sie abgewiesen und sie fühlt es schmerzlich, daß des Prinzen Louis Herz sich ihr verschlossen, daß sie sich selbst der Mittel beraubt hat, eine friedliche Erbtheilung zwischen ihren Söhnen herbeizuführen. Indeß hat sie den Prinzen Louis grade heute ersuchen lassen, den Abend zu ihr zu kommen, wenn der alte Prinz zur Ruhe gegangen sein würde, und ich erwarte jeden Augenblick seine Ankunft, um ihn zur Prinzessin zu führen.

Bei diesen Worten trat die Letztere selbst in das Zimmer. Obschon nicht groß, war ihre Erscheinung doch stolz und ehrfurchtgebietend. Ihr Gesicht zeigte Spuren großer Schönheit, die hellblauen Augen hatten ein jugendliches Feuer bewahrt, die Leidenschaftlichkeit und Heftigkeit ihrer Natur verrathend. Sie verabschiedete den Kammerherrn, setzte sich nieder und wendete sich mit der Frage an die Oberhofmeisterin, ob sie irgend welche interessante Neuigkeiten von ihrem Manne erfahren habe. Dann aber, noch ehe jene antworten konnte, fügte sie selbst hinzu: Ich frage Sie um Neuigkeiten, liebe Neal! und habe doch seit Jahren nur üble Nachrichten empfangen, so daß ich wenig Gelüsten danach haben sollte Neues zu erfahren. Was können Sie denn auch zu berichten haben? Wieder einen Sieg Bonapartes, wieder eine Kränkung der unglückseligen ausgewanderten Königsfamilie!

Man möchte sich in sich selbst zurückziehen, von der Welt nichts hören, wenn man nur Glück und Ruhe in der eigenen Seele fände.

Sie stand auf, ging im Zimmer umher und sagte dann: Sie kennen die Verhältnisse Neal! Wie gewinne ich das Vertrauen meines Sohnes wieder? Wie überzeuge ich den Prinzen, daß nicht Abneigung gegen ihn, sondern Rechtsgefühl für meinen jüngeren Sohn, mich zu jener Klage veranlaßten? Ich habe das Glück der Ehe nie gekannt; soll ich nun auch in Unfrieden leben mit meinen Kindern, so bleibt mir nichts als die makellose Größe unseres Hauses. Und selbst diese droht mein Sohn durch seine Leidenschaftlichkeit zu beflecken. Ich bin recht kummervoll, Neal!

Hoheit hätten aber vielleicht grade jetzt ein Mittel in Händen, dem Prinzen eine neue Richtung zu geben, die seinen Ansichten, seinen Neigungen entspräche. Dadurch würden sie sich sein Herz wieder zuwenden, sein Vertrauen wieder gewinnen.

Und das wäre?

Man müßte den Prinzen von seinen Zerstreuungen abziehen, indem man ihn vermöchte, sich an die Spitze der öffentlichen Meinung zu stellen; er müßte offen die Partei der auswärtigen Mächte nehmen, welche Preußens Auftreten gegen Frankreich fordern —

Und dem Willen des Königs entgegen handeln, Neal? Das ist unmöglich! fiel ihr die Fürstin streng in's Wort. Der Wille des Königs ist Gesetz in Preußen, ist Gesetz in seinem Hause. Es ist mir eine Vermehrung meines Kummers, daß Prinz Louis sich mehr als er sollte, den Ansichten geneigt gezeigt, welche Sie jetzt zum ersten Male mir auch als die Ihrigen aussprechen, daß er sich zu wenig dem Befehle seines Königs unterwirft.

Die Oberhofmeisterin schwieg. Es entstand eine Pause, welche durch die Meldung beendet ward, daß Prinz Louis angelangt sei.

Nach den ersten ziemlich unfreien Begrüßungen zwischen Mutter und Sohn, wurde die Gräfin Neal entlassen, dann blieben jene beiden allein. Es schien jedoch, als wisse die Fürstin nicht, wie sie die Unterredung mit ihrem Sohne anknüpfen solle, um ihr die trauliche Wendung zu geben, welche allein die Möglichkeit der Verständigung und Aussöhnung bieten konnte.

Der Prinz hatte sich in den letzten Jahren verändert. Er war scheinbar noch ebenso blühend und kräftig als früher, aber ein Zug von Schwermuth hatte sich über sein edles Gesicht gelagert, wie Wolkenschatten über eine strahlende Sommerlandschaft, und man konnte in seinen Zügen die Spuren tiefer Seelenkämpfe lesen.

Da die Prinzessin schwieg, war es der Prinz, der die Unterredung begann.

Sie haben mich rufen lassen, Hoheit! darf ich fragen, welche Befehle Sie mir zu geben haben, welche Auskunft Sie von mir wünschen?

Louis! sagte die Prinzessin, um Dich allein zu sehen, um zu Deinem Herzen das Mutterherz sprechen zu lassen, beschied ich Dich zu dieser Stunde. Wir haben uns lange nicht allein gegenüber gestanden, lange nicht Wort und Blick frei aufeinander wirken lassen, das ist nicht gut gewesen mein Sohn!

Vor dem Ton dieser Stimme wich die künstliche Haltung des Prinzen: Nein! nein! meine Mutter! rief er lebhaft, es war nicht gut. Aber warum mußten Sie mir, dem sich so wenig Hoffnungen erfüllten, auch den Glauben an die Mutterliebe nehmen?

Heißt es den Glauben an die Mutterliebe zerstören, Louis! wenn die Schwägerin des gerechtesten Königs, wenn die Schwägerin Friedrichs des Einzigen, der selbst dem ärmsten seiner Unterthanen gerecht ward, es nicht dulden kann, daß eine schwere Ungerechtigkeit begangen werde in ihrem Hause, an ihrem eigenen Sohne?

War es nur dies Gefühl, das Sie antrieb, Mutter! warum sagten Sie mir es nicht? Auch mir ist die Ehre unseres Hauses theuer, doppelt theuer in dieser Zeit, da sie zu Boden getreten wird von dem Korsen, da man nicht den Muth hat, sie aufrecht zu erhalten. Aber glaubten Sie die Ehre unseres Hauses zu wahren, indem Sie als Klägerin auftreten gegen Ihren ältesten Sohn? indem Sie öffentlich erklären, daß Sie Ihre Liebe ungleich theilen unter Ihre Kinder? daß Sie mir eine rechtmäßige Erbschaft mißgönnen, deren Besitz nur —

Deinen Gläubigern zu Gute käme, unterbrach ihn die Prinzessin, gereizt durch seine Vorwürfe. Die Gerichte haben Dich als Verschwender erklärt, sie verwalten Dein Vermögen, welches Du leichtsinnigen Freunden und leichtsinnigeren Frauen geopfert hast. Das ist es, was ein schlechtes Licht wirft auf die Ehre unseres Hauses, und nicht das Gerechtigkeitsgefühl Deiner Mutter.

Der Prinz fuhr zornig empor, nahm sich aber gewaltsam zusammen und sagte: Wenn Sie einen Menschen sehen, Mutter, der nach einer Quelle sucht in den Martern brennenden Durstes, würden Sie ihn verdammen, wenn er Hab und Gut daran wendete, sich vor dem Verschmachten zu bewahren? Dürften Sie ihn schelten, wenn er Schätze verschleudert an Jeden, der ihm sagt: ich hüte die Quelle, welche Deinen Durst stillt, gieb mir Gold, ich will Dich erquicken? — Was ist das Gold für den, der auf den goldenen Stufen des Thrones geboren ward? Was ist das Gold gegen die Möglichkeit erreichbaren Glückes, nach dem ich mich sehne? Und um Gold rechten Sie mit mir? um Gold bringen Sie Zwietracht in die Herzen Ihrer Kinder? Um den Besitz dieses elenden Metalles tödten Sie die Liebe? — Fürstin! das ist nicht königlich! Mutter! das ist nicht mütterlich gehandelt. Ich verachte das Gold, ich hasse den Besitz.

Die Prinzessin war erschüttert, aber es war ihr unangenehm, die offenbare Hoheit anzuerkennen, mit der ihr Sohn in diesem Augenblicke auf sie herabsah. Das Mißverhältniß beleidigte sie, und ausweichend sagte sie: Nicht der Besitz war es, den ich erstrebte; ich forderte Gerechtigkeit. Nicht um Gold klagte ich vor den Gerichten, ich verlangte für meinen Sohn die Anerkennung seines Rechtes, die er verdient; denn August, obschon weniger begabt als Du, ist ein edler Sproß des preußischen Stammes und wird des Namens werth sein, den er trägt.

O! nehmen Sie diesen Namen von mir, Mutter! rief der Prinz in heftigster Bewegung, machen Sie mich vergessen, daß Friedrich der Einzige mein Ahnherr ist, daß das Blut des großen Kurfürsten, das Blut Friedrichs des Ersten in meinen Adern rollt; machen Sie mich vergessen, daß jeder Prinz des Hauses ein Wächter sein soll der Preußen-Ehre, und Sie nehmen den Fluch von meinem Leben, Sie wenden die Dämonen der Verzweiflung von mir ab, die Wahnsinn brütend über meinem Haupte schweben.

Louis! mein Sohn! was ist geschehen? fragte die Fürstin in einem Tone des Schreckens, in dem zum erstenmale die Angst des Mutterherzens erzitterte.

Was geschehen ist? und Sie fragen mich das? Hören Sie nicht den Ton der Verachtung, der von allen Seiten gegen Preußen erklingt? Hören Sie nicht den Vorwurf feiler Besitzeslust, niedriger Fügsamkeit, den man gegen uns schleudert? Sehen Sie nicht die mißachtenden Blicke des Volkes, das uns seine Fürsten nennt und Schutz und Ehre von uns erwartet? Nicht die drohende Gigantengestalt des Korsen, der höhnisch lächelt, weil im königlichen Hause Friedrichs des Einzigen nicht ein Mann ist, sich dem Genius des Advokatensohnes würdig gegenüber zu stellen? Und Sie fragen, was geschehen sei?

Des Prinzen Stimme erbebte in tiefer Erschütterung. Er hatte sich zurückgelehnt in die Ecke des Divans, das Gesicht in den Händen verbergend. Die Prinzessin erhob sich, legte ihre kleine volle Hand auf sein Haupt und sagte: Der Jugend, und Dir vor Allen, sind beängstigende Uebertreibungen eigen. Die Einflüsterungen des Grafen Tilly, der für die Bourbons den Krieg gegen Bonaparte ersehnt und den Untergang Preußens prophezeit, falls man sich nicht zum Kampfe entschließt, verblenden

Deine Augen, lieber Sohn. Preußen ist reicher, größer, mächtiger als je durch den Reichsabschluß, der die Erweiterung unserer Grenzen anerkennt: der König hofft Alles zu gewinnen auf friedlichem Wege und —

Wird die Ehre Preußens vernichtet, weil er das materielle Gedeihen des Volkes höher schätzt, als den Stern der hellstrahlenden Ehre, welchen das Volk im Herzen trägt und mit Trauer untersinken sieht.

Welche Worte, mein Sohn! Die Ehre Preußens ist so wenig angetastet wie die Liebe und Achtung des Volkes für unser Haus. Stets empfängt uns der freudige Zuruf der Menge, wenn wir in den Straßen erscheinen, wenn der Trommelwirbel unsere Ankunft verkündet —

Mutter! Sie werden einst durch die Straßen fahren und man wird nicht trommeln und das Volk wird Sie nicht freudig begrüßen; dann Mutter, dann denken Sie an mich! denn beim Allmächtigen, diesen Tag werde ich nicht erleben!

Er hatte diese Worte mit jener Ueberzeugung ausgesprochen, in der eine prophetische Kraft zu liegen scheint. Seine Mutter erbleichte.

Wer vermag hier zu helfen? Wo ist Rettung mein Sohn? fragte sie plötzlich beklommen.

In der Einheit Aller, in einer Wiedergeburt der Nationalehre, die ich ahne, aber nicht zu hoffen wage, wenn ich um mich blicke. Sagen Sie dem Könige, der mich vermeidet, der mein Wort gering achtet, was wir hier gesprochen haben. Er mag mich verdammen, er mag glauben, wie er es ja thut, daß ich, ein Philipp Egalité, die ehrgeizige Hand nach der Krone ausstrecke, und mit dem Volke mich verbinde, um sie von seinem Haupte zu reißen! Der König soll König und Herr sein in seinem Lande, er soll die Haugwitz, die feilen Höflinge verbannen, Frankreichs Anmaßungen züchtigen, die Ehre Preußens vertreten; und nicht als Prinz, als gemeiner Soldat will ich fechten in den Reihen meines Volkes, und wenn es sein muß, ruhmlos sterben; nur nicht leben als ein Prinz von Preußen, so lange Preußen beladen ist mit der Verachtung der Mitwelt.

Die Kerzen in dem Zimmer brannten matter, das Feuer im Kamine fing zu erlöschen an, eine unheimliche Trübe lagerte über dem Gemach, und ließ den erschöpften Prinzen und die Prinzessin noch bleicher erscheinen, als sie von der Anstrengung dieser Unterredung sein mochten. Die Prinzessin saß in Gedanken versunken, Louis Ferdinand ging mit heftigen Schritten auf und nieder. Plötzlich blieb er vor einem Gemälde stehen, das die Königin Louise darstellte.

Er betrachtete es in halber Zerstreuung, dann, sich mit Bewußtsein immer tiefer in die schönen Züge versenkend, sprach er: Ja! Du fühlst wie ich, in Dir schlägt das Herz des Vaterlandes, Du reine Heilige! Sei Du der Mittler zwischen König und Volk, Du sollst mich hören, Dir will ich vertrauen.

Die Prinzessin blickte betroffen empor. Mit wem sprachst Du mein Sohn? fragte sie.

Ich betete an vor diesem Bilde.

Louis! Sohn! Du rasest, wohin führt Dich Deine Leidenschaft; die Gattin Deines Königs? Die reinste Frau der Zeit?

Bin ich so tief gesunken, Mutter! daß ich nicht mehr zu den Himmlischen beten darf, ohne daß man wähnet, ich ziehe sie herab von ihrer Höhe mit irdischem Begehren? sagte der Prinz in einem Tone, der zwischen Schmerz und Heiterkeit schwankte. Fürchten Sie Nichts! es giebt genug Weiber in der Welt, als daß es mich gelüsten könnte, auch in dieser Königin nur ein Weib zu finden. Der Morgenstern ist sie, zu dem ich blicke aus dem nächtigen Dunkel, das uns umgiebt; sie wird es sein, die uns den Tag heraufführt, kann er jemals wieder hell werden für das Haus der Hohenzollern. Alle Herzen schlagen ihr entgegen, sollte das meine ihr fehlen?

Du mußt Dich dem Könige nähern, mein Sohn! die Königin soll Dir dazu verhelfen, rief die Prinzessin wie von einem neuen Gedanken durchzuckt. Ich will für Dich handeln; baue ganz auf mich, vertraue mir unbedingt. Ich söhne Dich mit dem Könige aus, ich will der Königin diese Unterredung mittheilen, Ihr sollt vereint zum Könige sprechen, er wird, er muß Zutrauen zu Dir fassen; er wird Dich besser kennen lernen, Dich kennen lernen, wie ich Dich kennen lernte in dieser Stunde! Der Sohn neigte sich zu ihr hernieder, ihre Hand zu küssen, sie kam ihm mit einer Umarmung zuvor.

Dann als er sich erhob, sich zum Fortgehen anschickend, fragte die Prinzessin, gleichsam als fiele ihr es nur zufällig wieder ein: Und würdest Du Dich zur Abtretung eines geringen Theiles der Erbschaft an den Bruder verstehen, falls das Kuratorium Dir dazu die Befugniß einräumte, und der König sie bestätigte?

Eiseskälte durchzuckte das Herz des Prinzen, das sich eben erst so warm in der Begeisterung für seine heiligsten Empfindungen geöffnet hatte. Nur Liebe für den Andern! nur Eigennutz im Mutterherzen! rief es in ihm, nirgend Wahrheit, nirgend Treue und Glauben!

Und sich gegen seine Mutter neigend sprach er: Ich habe Ihnen gesagt, daß Gold und Besitz nur geringen Werth für mich haben; ich hätte gewünscht frei über mein Vermögen schalten zu können, um es Ihnen zu beweisen. Dies steht nicht mehr in meiner Macht. Richten Sie mit dem Kuratorium Alles möglichst nach Ihren Wünschen ein. Ich werde den Verlust des Geldes nicht so schwer empfinden, als den Verlust des Glaubens, daß meine Mutter mir mit dem Herzen zuhörte in der Stunde, da meine Seele sich im Schmerzensdrange vor ihr zu erschließen begehrte.

Die Prinzessin wollte ihm entgegnen, ihn begütigen, aber er verließ das Gemach und den Pallast mit einem tiefen Weh im Herzen.

Drittes Kapitel.

Der Winter des Jahres achtzehnhundert und drei brachte in politischer Beziehung für Preußen wenig Veränderungen hervor, um so veränderter aber waren die Verhältnisse der Personen, welche wir zu Anfang unserer Erzählung als die Umgangsgenossen des Prinzen Louis Ferdinand erblickten.

Schlegel und seine Frau hatten in zerrütteten Vermögens= verhältnissen Berlin verlassen, um sich ein Glück in Paris zu gründen, von wo Rahel nach längerem Verweilen mit der unver= minderten Neigung für Prinz Louis zurückgekehrt war, bereichert an Erfahrungen und Einsicht, aber schwer bedrückt durch den sich täglich trüber umwölkenden Horizont des Vaterlandes. Preußen hergestellt zu sehen in der Achtung der übrigen Nationen, herge= stellt durch den Prinzen, das war der Traum ihres Lebens ge= worden.

Mit der leidenschaftlichen Liebe des Weibes einten sich hier Vaterlandsliebe und Begeisterung für nationelle Unabhängigkeit, um ein Gefühl hervorzubringen, das an Stärke, an Erhebung, und darum an Leidensfähigkeit, nur selten seines Gleichen hatte. Große, wahre Liebe schließt, als die köstlichste Seelenblüthe, alle Arten von Liebe in sich, wie die Königin der Nacht, der stolze

Cactus grandaflora, den Duft aller andern Blumen in sich vereint. Grade die Mängel, die Unvollkommenheiten und Schwächen in dem Charakter des Prinzen, wurden für Rahel ein Grund ihm fester anzuhängen. In leidenschaftlicher Begeisterung hing sie an seinen schönen Zügen, wenn von seiner Stirne die Strahlenkrone des Genies in männlicher Hoheit leuchtete; angstvoll, mit der Angst des Mutterherzens, bewachte sie seine Handlungen, versuchte sie seine Irrthümer zu verhüten, seine Fehler gut zu machen, mitleidend von jedem Mißlingen, beglückt durch jeden Erfolg.

Starke, mächtige Frauen fühlen sich naturgemäß fast immer zu den Männern hingezogen, denen es an Stärke gebricht, denen sie abgeben, aushelfen können mit ihrer Kraft. Es ist der Instinkt der Naturökonomie, welcher dies oft angestaunte Räthsel löst; es ist nicht Laune, nicht freie Wahl, es ist Naturtrieb und Nothwendigkeit. Solche Liebe hat die höchste Hingebung, die stärkste Selbstverläugnung, denn sie will das ganze geistige Vermögen, die ganze Seelenkraft auf den Geliebten übertragen, um ihn zu dem zu machen, wozu die Liebende ihn erkoren, zum Ideale, vor dem sie sich beugt. Es ist die Liebe des Schöpfers für das Geschöpf, das er liebend dachte, noch ehe es war; es ist das Anbetungsbedürfniß der antiken Menschheit, welche sich Götter bildete nach dem eigenen Bilde, um vor ihnen zu knieen; es ist die Liebe des Künstlers für sein Werk; es ist die Dreieinigkeit der Liebe, in der das Ich in dem geliebten Du untergehen möchte, um das Ideal aus ihm zu erzeugen.

Mit dieser selbstlosen, reinen Liebe hing Rahel an dem Prinzen und gegen dies Gefühl mußten alle andern Bewerbungen, alle andern Beziehungen in den Hintergrund treten. Vergebens strebte Gentz, der auf einer Reise nach England in London mit Auszeichnungen und Anerkennung überhäuft worden war, und dann in Wien eine ehrenvolle Anstellung als geheimer Hofrath gefunden hatte, vergebens strebte Gentz, Rahel zu einer Ueber-

siedelung nach Wien zu bewegen. Sie freute sich seiner dauernden
Neigung, sie blieb ihm treu anhänglich, aber Berlin zu verlassen
vermochte sie nicht. Vermittelnd zwischen dem kampfesdurstigen
Jugendmuth des Prinzen und den Rathschlägen des klugen Diplo-
maten Gentz, der sich unbedingt auf Rahels scharfes, unbestechliches
Urtheil verließ, wo es die Volksstimmung und die Ansicht der einzelnen Personen in Berlin galt, besaß sie wesentlicheren Einfluß,
als es den Anschein hatte. Ein Wort von Rahel, in vertraulicher
Mittheilung geschrieben, wog für Gentz oft die bogenlangen De-
peschen der Ministerien auf, und hielt seine Bewunderung für
ihren Geist, so wie die Liebe für sie rege in ihm.

Seit lange waren, durch die wechselnden Truppenzüge, die
Postverbindungen in Deutschland nicht mehr sicher gewesen. Gentz
bediente sich daher der Couriere zu seinem Briefwechsel mit Rahel
und Vetter, der, nach jener erwähnten Trennung von Wiesel und
Paulinen als Assessor im Ministerium zu Berlin beschäftigt war.

Immer noch in der Gesellschaft des Prinzen, hatte doch das
Verhältniß zwischen ihnen eine andere Gestalt angenommen.
Vetters Aufenthalt in der französischen Republik war nicht ohne
Einfluß auf seine Ansichten geblieben. Ernst gemacht durch den
Schmerz um Pauline, gleichgültiger gegen die Anziehungskraft,
welche die Frauen sonst auf ihn geübt, hatte er tiefer und fester
in das Leben zu blicken begonnen, und war schneller vom lebens-
lustigen Jünglinge zum Manne gereift, als es bei seiner früheren
Denkweise möglich geschienen hatte.

Der Glanz der Throne, der Reiz, welcher in dem vertrauten
Umgange mit einem Prinzen für seine Eitelkeit gelegen, hatten
an Macht verloren. Er stand dem Prinzen voll Selbstgefühl
gegenüber, oft als ernster Mahner an das, was die Zeit erforderte;
oft als Tadler, wenn Louis Ferdinand in gewohntem Leichtsinn
Handlungen beging, welche sowohl seiner fürstlichen Stellung,
als seiner eigenen Würde zu nahe traten.

So kam es, daß er den Prinzen und dieser ihn, abwechselnd suchte und mied, je nachdem er Vetters Urtheil zu scheuen hatte und seine Offenheit fürchtete. Den Tadel eines Mannes erträgt der Mann schwerer, als den Tadel einer Frau, und oft war es Rahel, welche als versöhnendes Element Vetter und den Prinzen zusammengehalten hatte, wenn eine Spannung zwischen den Beiden, den Bruch dieser mehrjährigen Freundschaft befürchten ließ.

Eines Tages hatte der König eine große Parade abgehalten; der Prinz, gelangweilt von der stundenlangen Dauer derselben, eilte sobald sie beendet war zu Vetter, und da er diesen nicht fand, zu Rahel, der er am Tage vorher von seiner Dienstobliegenheit gesprochen hatte.

Nun, Hoheit! wie ist es gegangen? rief sie ihm entgegen.

Unübertrefflich Kleine! antwortete er, ihr die Hand zum Gruße bietend, und sich neben ihr auf das Sopha niederlassend. Unübertrefflich! nicht ein Knopf hat gefehlt an den schwarzen Tuchkamaschen, nicht ein Stäubchen ist zu sehen gewesen auf den weißen Hosen und Rabatten. Die Zöpfe makellos, die Gewehre spiegelblank — aber eingerostet, wie ich vermuthe.

Rahel lachte, den Prinzen mit jener Freude anblickend, welche der bloße Ton einer geliebten Stimme im Herzen erregt.

Der alte Fritz hat die Franzosen bei Roßbach Tanzmeister geheißen, fuhr der Prinz fort; Bonaparte könnte uns das wiedergeben. Wie die Tanzmeister sind die jungen Offiziere über den Straßenkoth gehüpft; ich wollte, sie hielten unser Wappen so blank als ihre Schuhe. Bei den Alten hingegen, da ist von Hüpfen freilich nicht die Rede, denn unsere Generale sind von der Art, daß ein Marsch ihr Tod sein würde. Es sind athemlose Gerippe oder keuchende Fettkolosse, Don Quixotte oder Fallstaffs.

Rahel lachte wieder, aber der Prinz sagte ernsthaft: Da ist nichts zu lachen Liebe! ich spreche im bittern Ernst. Ich vergehe vor Schaam über den Frieden, den wir genießen, und denke mit Angst an den Krieg, den ich ersehne.

Aber Hoheit! unterbrach ihn Rahel, ein Heer, das die Generale Friedrichs des Großen zu Führern hat, das solche Erinnerungen an seine Fahnen geknüpft weiß!

Du sprichst ja wie eine hochadlige Hofdame, rief der Prinz, Rahel Du nennend, wie er bisweilen zu thun liebte; Du, kluge Rahel! solltest doch wissen, daß Erinnerungen ein schlechtes Gegengewicht sind, gegen die Erfahrungen des französischen Heeres. Und die Feldherrn des alten Friedrich? — Laß heute König Arthus aufstehen mit den zwölf untadlichen Rittern seiner Tafelrunde, stelle sie dem Bonaparte gegenüber an der Spitze seiner jungen, ruhmesdurstigen Marschäle und Generale und dann sieh zu, auf welche Seite der Sieg sich wendet. Täusche mich nicht mit leerem Troste; es sind genug Taube und Blinde, genug Selbstbetrüger am Hofe! Laß mich klar sehen, wo ich klar sehen muß.

Wenn klar sehen, hoffnungslos aufgeben heißt, so ist sich täuschen und voll Hoffnung streben, besser Prinz.

Und wer sagt Dir Rahel, daß ich nicht strebe und nicht hoffe? Ich hoffe auf den Kampf.

Und also auch auf Sieg für Preußen?

Nein! aber auf den Tod für mich!

Prinz! um Gottes Willen! rief Rahel, seine Hände ergreifend, woher dieser düstere Gedanke? Sie, so jung, so reich begabt, so anbetend geliebt — sie erschrack über den Laut, der ihren Lippen unwillkürlich entflohen war und fügte leise, um sich nicht zu verrathen, die Worte hinzu: vom Volke.

Sieh Rahel! zwei Dinge sind es, die der Mühe des Lebens werth sind, Wirksamkeit oder Glück. Ein preußischer Prinz hat die erstere nicht; denn Soldaten exerzieren und Paradenmärsche leiten, nicht wahr? das lohnt die Arbeit nicht, sich täglich an und auszukleiden. Und Glück? Glück habe ich nie gekannt. So stürbe ich gern, denn mein Tod befreite mich von der Last des Lebens und betrübte Niemand.

Aber Ihre Mutter! rief Rahel, während ihre Hand in der des Prinzen bebte, und große schwere Thränen sich in ihre Augen drängten.

Meine Mutter? Thörichte Furcht! die erbte des Prinzen Heinrich Nachlaß für meinen Bruder, ihren Lieblingssohn.

Und Henriette?

Der Prinz legte seinen Arm um Rahel, ein Zittern flog durch alle ihre Glieder, das sie nur mühsam unterdrückte; dann sich zu ihr neigend, wie man sich gegen einen Freund neigt, dem man eine Mittheilung zu machen hat, welche man sich selbst nur schwer gesteht, sagte er mit gedämpfter Stimme: Henriette würde mich nicht betrauern, denn mein Tod machte sie frei.

Frei von der Liebe? Aber Freiheit ist ja furchtbar, wo gebunden sein Glückseligkeit gewährt!

Schweig doch und höre! Glaubst Du, daß Henriette mich noch liebt, daß ich sie liebe? Rahel! Du hast kein Herz, die kleinen Weiber zu verstehen, denn Deine Seele ist eine Männerseele, auch vertraue ich Dir wie einem Manne, wie dem treusten Freunde.

Er drückte ihr die Hand, Rahel lehnte, einer Ohnmacht nahe, ihr Haupt an seine Brust. Eine Mannesseele nannte er sie, seinen treusten Freund, und doch bebte die heiße, flammende Leidenschaft des Weibes in ihren Adern, doch zitterte das seligste Erglühen in ihrem Herzen in diesem Augenblicke. Es war das erste Mal, daß der Arm des Prinzen sie umschlang. Was sie seit Jahren sich ausgemalt in den Stunden einsamen Brütens, was in wonnevollen Träumen ihr wie der Gipfel des Glückes erschienen war, auszuruhen nur einmal, nur einen Augenblick an der Brust des geliebten Mannes, das war jetzt zur Wirklichkeit geworden und zum tiefen Schmerz.

Nicht die Liebe war es, die ihn bewog, sie an sich zu ziehen, sondern eine Freundschaft, eine geschlechtslose Neigung, welche der liebenden Rahel wie eine Verhöhnung, wie eine Verurtheilung ihrer eigenen Gefühle erscheinen mußte. Er hielt sie in seinen Armen, ihr Herz, ihr Leben waren sein und er seufzte nach Liebe, nach Glück. Nicht einmal der Gedanke tauchte in ihm auf, daß sie ihn lieben, daß ihre Liebe ihn beglücken könne. Sie hätte sich aufraffen, ihn fliehen, sich tief gedemüthigt in den Schooß der Erde verbergen mögen, und doch hielt die magnetische Kraft der Liebe sie gebannt, doch gab sie sich schweigend, sich selbst verdammend, dem Glücke dieses Augenblickes hin.

Der Prinz hatte von dem Kampfe in Rahels Seele keine Ahnung. Sieh! sagte er, wäre Henriette mein rechtmäßiges Weib, trüge sie meinen Namen, noch heute trennte ich mich von ihr, denn sie steigert mein Unglück!

Rahel fuhr empor. Wie aus einem wirren Traume erwachend, öffnete sie die Augen, strich das Haar aus ihrer Stirne, tief aufathmend, da die Arme des Prinzen sie nicht mehr umfingen.

Unglück? wiederholte sie, und die Furien der Eifersucht schwangen die brennenden Fackeln vor ihren Augen, daß es ihr schien, als stehe das Weltall in Flammen und müsse untergehen.

Der Prinz hatte Henriette geliebt und sie machte ihn unglücklich, sie wünschte vielleicht sogar die Trennung von ihm? Und hier saß sie selbst, Rahel, gesucht von Vielen, geehrt von den Besten, für Nichts achtend jede andere Bewerbung, Nichts kennend, Nichts begehrend, als die Liebe dieses Mannes; hier saß sie, bereit für ihn, für ein Liebeswort seines Mundes tausend Tode zu sterben, und er ließ sie ahnen, daß ein unbedeutendes Weib ihn verrathe, er gestand, daß Henriette das Unglück seines Lebens mache, daß er sie nicht liebe und sich dennoch an sie gefesselt fühle.

Gott! mein Gott! waren die einzigen Worte, welche sich in

Wogen des Schmerzes ihrer Brust entrangen. Ihre Arme sanken machtlos an ihrem Leibe nieder, sie faltete die Hände und neigte ihr Haupt.

Der Prinz sah es. Nicht wahr? fragte er, das ist ein wundersames Loos. O! immer und immer wieder beneide ich den Bürger um sein Glück. Als ich Henriette liebte, als ich in ihr den Inbegriff sanfter Weiblichkeit erblickte, und mit reiner Glücksempfindung meine Kinder auf ihren Knieen sah, was hätte ich darum gegeben, sie meinen Namen tragen zu sehen als mein angetrautes Weib. Jetzt, da — er stockte, das Wort der Anklage widerstrebte seinen Lippen — jetzt muß ich mit meiner Ehre, mit meinem Festhalten an der Mutter, die es nicht mehr um mich verdient, die Ehre meiner Kinder vertreten, denn sie sind verachtet, wenn sie nicht mein Stolz sind, wenn meine ganze Liebe sich nicht schützend über sie breitet.

So leben Sie für diese! sagte Rahel leise.

Ich will's, so lange ich es vermag. Aber es ist schwer ohne eigne Freude nur für Andere zu existiren!

Ja, das weiß Gott! rief Rahel, und Beide schwiegen lange.

Endlich sagte der Prinz: Rahel! Sie sind ja so klug, nennen Sie mir nur ein Mittel, mich zu zerstreuen. Es ist mir Alles farblos, Alles grau. Sie sagen: studiren Sie! Sie schicken mich hin zu Fichte, Sie senden Johannes Müller und die anderen Gelehrten zu mir, mit denen Sie selbst Ihre Tage verleben — aber sind Sie glücklich dadurch? Tröstet es Sie, zu wissen, daß Niemand glücklich war in alter und neuer Zeit? Beruhigen Sie die philosophischen Theorien, die uns beweisen, es müsse Alles sein, so wie es ist, oder die uns ein Ideal aufstellen, das zu erreichen die Fesseln der uns umgebenden Welt uns hindern?

Rahel hatte von dem Allen Nichts gehört, ein Zustand geistiger Lähmung war über sie gekommen. Allmälig fiel es dem Prinzen auf, daß sie, der sonst das Wort so wunderbar zu Gebote stand, die es handhabte mit der Lust und dem Geschick, mit welcher der Virtuose sein Instrument gebraucht, daß sie kaum eine Antwort gehabt hatte auf alle seine Fragen, daß er in Monologen gesprochen, fast wie zu sich selbst.

Er blickte sie an, sie war todtenbleich. Ihr Kopf war auf die Sophalehne zurückgesunken, das Tuch von ihrem Nacken geglitten, und die schwarzen Locken fielen auf ihre entblößten Schultern nieder, welche in der gelblichen Weiße und Vollendung des Marmors aus dem dunklen Kleide hervorsahen. Bei der halben Beleuchtung der früh untergehenden Wintersonne hatten ihre stark ausgeprägten Züge die Schärfe verloren, sie schienen weicher, jugendlicher als sonst. Der Prinz betrachtete sie verwundert, dann, sich zu ihr neigend, fragte er: Sind Sie unwohl Rahel? leiden Sie?

Die Ahnung der Wahrheit war über ihn gekommen; zum erstenmale fiel es ihm ein, ihr Aeußeres zu betrachten, und er fand sie reizvoller, als er es je gedacht hatte. Da er sie bebend sah vor Liebe, ward sie ihm zum Weibe, dessen Besitz Werth haben, dessen Liebe Glück gewähren konnte. Ein tiefes Gefühl für sie zuckte warm durch seine Brust; er kniete nieder und fragte, sie sanft in seine Arme nehmend: Nicht wahr Rahel! Du liebst mich?

Aber Rahel, sich emporraffend, schien plötzlich wie verwandelt, jede Spur von Schwäche war von ihr gewichen. Sie schämte sich, eine Liebe zu verrathen, für welche der Prinz in jahrelangem Beisammensein kein Auge gehabt hatte, selbst das höchste Glück des Lebens wollte sie nicht dem Mitleid verdanken, für das sie des Prinzen plötzlich erwachendes Gefühl nehmen zu müssen glaubte. Ihr Stolz empörte sich dagegen, und mit der größten Ruhe, die sie in sich zu erzwingen vermochte, antwortete sie auf die Frage des Prinzen: ja! ich liebe Sie wie Ihr treuster Freund.

Der Prinz schwieg betroffen. Rahel stand auf, ordnete ihr Tuch und ihr Haar, dann trat sie an ihren Schreibtisch, und einen Brief zur Hand nehmend sagte sie: Sie haben mich gebeten, Ihnen Zerstreuung, Thätigkeit zu schaffen, die habe ich Ihnen nicht zu bieten, aber Neuigkeiten genug. Da ist ein Brief von Gentz, er berichtet von abermaligen Rüstungen in Oestreich, von Truppenmärschen, diplomatischen Verhandlungen, und ist wohl mit für Sie geschrieben. Auch Wiesels Rückkehr meldet er, die ich nun täglich erwarte. Wollen Sie den Brief lesen, lieber Prinz?

Er verneinte es. Rahel plauderte mit gewaltsamer Fassung, sich zu einer Heiterkeit steigernd, von der ihre Seele weit entfernt war, und die dem Prinzen unheimlich erschien. Nachdem er ihr eine Weile zugehört und sie scharf beobachtet hatte, sagte er: Rahel! Sind Sie wohl auch der Lüge fähig, wie die Andern Alle? sagen Sie mir das.

Ich habe nur Einen Gott, Prinz! und der ist die Wahrheit, ihn verleugne ich nicht.

So sind Sie auch mir wahr gewesen immerdar?

Immerdar!

Dann ist es gut! ganz gut! auch so! Lebe denn wohl, Du treuster Freund. Auf Dich will ich zählen und Dir fest vertrauen.

Er drückte ihr fest die Hand, dann ging er fort. Rahel aber warf sich in ausbrechender Leidenschaft auf ihre Kniee und rief: O! nimm den Fluch von mir Natur! den Du mir gegeben in meinem kalten Verstande, nimm mir den Verstand! Warum habe ich Einsicht, warum Kraft und Stärke, daß er mir vertraut, warum nicht milde Schönheit, daß er mich liebt? Aus Erbarmen schloß er die Reizlose in seine Arme, da ein Frauenherz hervorblutete aus der düsteren Hülle; ein Almosen war er bereit mir großmüthig zu geben von dem Ueberflusse der Zärtlichkeit, welche er verschwendet an Henriette, die ich hasse, die ihn quält, ihn verräth, und die seine Kinder auf ihren Knieen wiegt, während ich einsam die Hände ringe in aufgezwungener Entsagung. Und sie sagen, es gäbe einen Gott im Himmel! sie sprechen von himmlischer Gerechtigkeit! die wahnsinnigen Thoren!

Ihre Stimme brach in tiefem Schmerz und thränenlos sank sie zusammen.

Viertes Kapitel.

Für Rahel's reizbare Nerven war die Erschütterung dieser Stunde zu heftig gewesen. Ein Fieberanfall warf sie nieder. Es vergingen einige Wochen, in denen der Prinz sie nicht wiedersehen konnte.

Während dieser Zeit hatte die Prinzessin Ferdinand, welche es wußte, wie lebhaft ihr Sohn in diesem Augenblicke eine Aussöhnung mit dem Könige wünschte, dieselbe zu vermitteln gesucht, um ihren Sohn sich wieder geneigter zu machen, als er sie nach ihrer letzten Unterredung verlassen hatte. Indeß der in sich und seine Anschauungsweise begrenzte aber reine Charakter des Königs fühlte sich instinktmäßig von dem Wesen des Prinzen abgestoßen. Er hatte keine Nachsicht für seine Ausschweifungen und Uebertreibungen, weil ihm das Verständniß für die Gründe dieser Maßlosigkeit in der Natur des Prinzen fehlte. Einen Mann von dem Rufe Louis Ferdinands in seinem engeren Umgange, in der Nähe der Königin zu dulden, hätte ihm eine Verletzung der Achtung geschienen, welche er vor der reinen Seele seiner Gattin hegte. Er wollte seinem Volke zeigen, daß er christliche Sittenreinheit in jeder Lebenssphäre fordere, ihren Mangel überall table. So vermied er den Prinzen aus Neigung und Grundsatz; Haugwitz aber sowohl, als die ganze friedliebende Partei, suchten diese Stimmung des Königs zu nähren, um Louis Ferdinand von dem

Könige fern zu halten. Sie schilderten den Ehrgeiz desselben als
gefährlich, und wußten die Eifersucht des Königs auf die Popu=
larität, deren der Prinz im Volke und im Heere genoß, so geschickt
zu steigern, daß die Verwendungen von Hardenberg, Alopäus und
selbst die der Königin erfolglos blieben, welche die Prinzessin Fer=
dinand für ihren Sohn in Anspruch genommen hatte.

Dennoch war gerade zu Ende dieses Jahres eine Art freund=
licher Annäherung zwischen dem Könige und dem Prinzen zu
Stande gekommen. Der Bruder des Königs, Prinz Wilhelm hatte
sich nämlich mit der Prinzessin Marianne von Hessen=Homburg
verlobt; die Hochzeit sollte noch im Laufe des Winters gefeiert
werden. Eine Reihe von Hoffesten stand in Aussicht, und die
Vorbereitungen zu denselben brachten den Prinzen häufiger als
sonst in unmittelbare Berührung mit der Königin.

Die glückliche Ehe, welche er in diesem Beisammensein mit
dem Herrscherpaare vor Augen hatte, ließ den Prinzen die schmerz=
lichsten Betrachtungen über sein eigenes glückloses Leben machen,
und mit tiefer Rührung hatte er sich einmal andeutend darüber
gegen die Königin selbst ausgesprochen.

Ich wünsche Ihnen eine große ausfüllende Liebe, mein
Cousin! hatte sie ihm geantwortet, Ihre schmerzliche Vergangen=
heit darin zu versenken, und eine begeisternde Idee, Ihre Zukunft
darauf zu erbauen!

Mit diesen Worten in der Seele war der Prinz in den Wa=
gen gestiegen, der ihn zu seiner Wohnung führen sollte. Ja!
eine große, ausfüllende Liebe hatte ihm gefehlt sein Leben hin=
durch, und nur weil er sie rastlos gesucht, weil er sie so heiß zu
finden gewünscht, war es ihm möglich gewesen, sich so oft und so
schwer in seiner Wahl zu täuschen. Mit Schmerz gestand er es
sich selbst, er habe eigentlich noch nie geliebt, noch nie das Glück
einer ausfüllenden, verständnißvollen Liebe genossen.

In weicher Stimmung langte er vor seinem Hause an. Lau=

tes Lachen schallte ihm aus dem Musikzimmer entgegen, die einzelnen Akkorde übertönend, welche Dusseks geübte Hand auf dem Flügel hervorrief.

Was geht dort vor François? fragte er den Alten.

Mademoiselle ist aus dem Konzerte retournirt und repetirt mit dem Kapellmeister les pièces qu'on a éxcutées. Auch Monsieur Vetter und die andern Herren que Votre Altesse a ordonné d'inviter sind schon beisammen.

Der Prinz trat in das Zimmer, ein düsterer Zorn flammte in ihm empor. In einem Kreise von Männern, die laut und rücksichtslos durcheinander sprachen, befand sich Henriette als die einzige Frau. Sie hatte den Arm auf die Lehne von Dusseks Stuhl gestützt und sang mit ihm ein italienisches Duett, die Manier Cadet Feuillades, eines berühmten Sängers nachahmend, der sich im Verein mit dem Guitarrenspieler Aimari in einem Konzerte hatte hören lassen.

Henriettens maßlose Fröhlichkeit beleidigte heute den Schönheitssinn des Prinzen, ihr Alleinsein in dem Kreise dieser Männer, deren leichtfertige Gesinnungen er nur zu gut kannte, sein Gefühl. Mag ein Mann noch so leichtsinnig von den Frauen, noch so frei über die Schranken der Sitte denken, das Weib, das er besitzt, will er rein wissen, um an sie zu glauben. In der Unfähigkeit, an reine Weiblichkeit zu glauben, findet der Wüstling die Strafe für seine Schuld.

Das Gefühl der Schuld war es auch, welches dazu kam, den Prinzen in diesem Augenblicke mit seiner ganzen Schwere zu belasten. Wie wenig glich diese gefallsüchtige Frau dem schuldlosen Mädchen, das er einst entführte! Er war es, seine Vernachlässigung, seine Untreue, die ihn schweigen ließ, als Henriettens Neigung sich von ihm wendete. Seine Untreue hatte diese traurige Verwandlung in einem Wesen hervorgebracht, das die Mutter seiner Kinder war.

Er hätte sie um Verzeihung anflehen mögen, und doch wendete er sich mit schmerzlichem Schaamgefühle von ihr ab, als sie sich ihm mit neckenden Worten an die Brust warf.

Es trieb ihn, sie von sich zu stoßen, aber eine Stimme in ihm rief die Namen seiner Kinder. Warum bist Du nicht bei den Kindern? fragte er finster, ich hoffte Dich dort zu finden, denn sicher sind sie noch wach.

Hören Sie nun meine Herren, rief Henriette, was Sie nie glauben wollen, daß ich dem Prinzen Nichts bin, als die Wärterin der Kinder? Zieht er einmal in's Feld, so werde ich gewiß in Schricke eingemauert, damit nur den Kindern kein Schade geschieht.

Das wäre zu grausam, meinte Dussek. Wo soll der Künstler die Begeisterung finden, wenn ihm der Anblick der Schönheit vorenthalten wird? Mademoiselle Fromm hat im Konzerte die Augen aller Männer und den Neid aller Frauen auf sich gezogen, so schön war sie.

Aller Männer? spottete Henriette, nun Vetters Augen nicht! Die hingen wie festgebannt an Pauline Wiesel, und Sie Alle haben nach ihr hingesehen, wozu denn auch Paulinens wunderbare, hier unerhörte Kleidung, das Ihrige beigetragen hat.

Die Unterhaltung blieb an Pauline Wiesel geknüpft, als man sich bald darauf zur Tafel setzte. Alle Männer stimmten in das Lob ihrer Schönheit ein, und diese ward in einer Weise zergliedert, wie nur der gänzliche Cynismus jener Tage und jenes Kreises es möglich machte.

Der Prinz, sonst einer der Keckften in dreisten Aeußerungen der Art, fühlte sich heute davon beleidigt. Er wußte nicht, ob es Henriettens Anwesenheit, ob eine Art von Theilnahme für Pauline sei, deren Namen in großen Zwischenräumen immer wieder vor ihm auftauchte, oder ob das häufigere Beisammensein mit der Königin ihn sehnsüchtig mache, nach einer rei-

nern Atmosphäre, empfindlicher gegen die Unschönheit dieser Zügel=
losigkeit.

Fast unwillkürlich brachte er das Gespräch auf die Königin, aber Henriette fiel ihm, sich gegen die Andern wendend, lachend in das Wort: Wissen Sie es schon, sagte sie, daß dies die neueste Leidenschaft des Prinzen ist? Wir haben eine vollständige Um= wandlung zu gewärtigen. Die königliche Ehe ist sein Ideal ge= worden, ich und Sie Alle erscheinen ihm nur als Sünder, als Verworfene. Wie ein alter deutscher Ritter schwärmt er für treue Minne, für Tugend und Keuschheit, und es soll mich gar nicht wundern, wenn er nächstens, mit einer geraubten Schleife der Majestät an seinem Pilgerhute, nach dem gelobten Lande wandert, um seiner Sünden los und ledig zu werden.

Henriette! sagte der Prinz streng, ich wünsche nicht, ich ver= biete, daß hier in dieser Weise von der Königin gesprochen werde; es ist Entweihung.

Da haben wir es! Sie werden sehen, er wandert morgen fort lachte Henriette.

Mich fortzutreiben, sagte er leise, fort von Dir, ist dies ein sicheres Mittel. Und laut fügte er hinzu: ja, ich wollte, daß ich wan= dern könnte, denn der Boden Berlin's brennt mir unter den Soh= len und seine Luft erdrückt mich.

Aber wer tröstet mich dann? fragte Henriette.

Der Prinz warf einen ausdrucksvollen Blick auf Dussek. Dieser und Henriette erröteten. Es war ein Experiment gewesen, zu dem er sich im Unmuthe des Augenblicks entschloß. In furchtba= rem Seelenschmerz stürzte er den Wein hinunter, den er in der Hand hielt.

Seht! rief er dann, könnte ich die ganze Welt, wie sie ist, mit ihrer Lüge, Falschheit, Feilheit, in meine Hand fassen wie dieses Glas, und sie zertrümmern — mit so raschem Wurfe wäre es gethan, wie ich dies Glas zerschmettere.

Er warf es gegen die Wand, daß es in Scherben klirrend niederfiel.

Und was bliebe Ihnen dann? fragte einer der Gäste, um die peinliche Stille zu unterbrechen, welche dieser Scene folgte.

Was mir bliebe? Das was ich jetzt besitze — Nichts!

Er stand auf und verließ das Gemach, die Anderen sahen ihm bestürzt und erschrocken nach.

Fünftes Kapitel.

Schon nach wenig Tagen lief die Erzählung dieses Vorganges in widrigster Entstellung durch die Stadt. Einer der Männer, welche an jener Abendmahlzeit Theil genommen hatten, war der Verbreiter derselben gewesen, und was Henriette in frevelndem Uebermuthe gesprochen, ward ohne Weiteres dem Prinzen in den Mund und zur Last gelegt. Eine leise Andeutung davon wußten die Gegner Louis Ferdinands selbst bis vor das Ohr des Königs zu bringen. Es reichte hin, die Mißachtung zu erhöhen, welche derselbe gegen den Prinzen hegte, und diesem die beginnende Theilnahme der Königin zu entziehen, deren charaktervolle Weiblichkeit allein vielleicht stark genug gewesen wäre, einen dauernden Einfluß auf den Prinzen zu gewinnen, und ihn einer höheren Lebensrichtung zuzuführen.

Gepeinigt von der Wiederholung dieses Gerüchtes, kam er eines Morgens zu Rahel. Es war das erste Mal, daß er sie nach ihrem Erkranken wiedersah. Er fand sie bedeutend verändert, und es schien ihm ein Räthsel, daß er sie einen Augenblick für reizend und begehrenswerth gehalten habe. Sie lag noch auf einem Ruhebette, hatte geweint und hielt einen Brief in den Händen.

Sie sehen mich ganz niedergeworfen, lieber Prinz! rief sie ihm entgegen. Pauline Wiesel war eben bei mir vor dem Bette, und hat mir ihre Geschichte erzählt. Eine Stelle war darin für mich, wie sie es sagte, so erschütternd, daß ich förmlich einen Krampf davon bekam und sie zu reden aufhören mußte.

Und worin bestand das Erschütternde?

In dem Verzweifeln an sich selbst, in den Worten: sieh! ich würde mein Leben daran geben, geliebt zu werden, wie ich mir Liebe denke, und würde verzweifeln, wäre es der Fall, denn man hat mich so behandelt, daß ich nicht mehr glauben kann. Und ich weiß auch, daß ich selbst der Treue nicht mehr fähig bin. Dabei weinte sie die heißesten Thränen und sah wie die Liebe selbst aus.

Das ist ein wunderbares Geständniß, theure Rahel! und ein unwahres, wie mir scheint. Wer sich nach Liebe, nach Treue sehnt, sie als Glück empfindet, kann wohl das Mißgeschick haben, den rechten Gegenstand dafür nicht zu finden, aber die Fähigkeit zu lieben und treu zu sein, muß er besitzen.

Nicht so unbedingt, als Sie glauben. Ich gebe zu, daß er sie einst besessen haben muß, aber sie kann zerstört worden sein in ihm, wie in Pauline. Wenn Sie mir versprechen, es Niemand sehen zu lassen, so will ich Ihnen ein Blatt mittheilen, das mir Pauline heute gegeben hat. Es ist ein Brief, den sie mir in Wien geschrieben hat und der nicht abgesendet worden ist. Sie brachte ihn mir heute als ein Zeichen, daß sie an mich gedacht habe.

Der Prinz versprach Verschwiegenheit, erbat sich die Erlaubniß, den Brief in seiner Wohnung zu lesen, nnd entfernte sich bald, da andere gleichgültige Besuche ein trauliches Gespräch mit Rahel unmöglich machten.

Kaum in seinem Zimmer angelangt, entfaltete er das Blatt und las wie folgt:

Ich habe heute so lange und so viel mit Gentz von Dir gesprochen, liebe Rahel, daß es mir war, als säßest Du mit den klugen Augen uns gegenüber, und ich dachte mir, wie Du mit Deinem Seherblick in mein Herz schauen würdest, wenn ich bald wieder in Berlin vor Dich hin trete, von außen die alte Pauline, von innen so verändert; äußerlich froh und jung und schön, im Herzen so gleichgültig, daß es mich gar Nichts mehr kostet, immer froh zu scheinen.

Rahel! Heirathen, sich mit Eiden zu schwören, man wolle einander ewig treu sein, nie einen Andern lieben, das ist Tollheit, weil es Lüge ist. Fühlt man sich durch den Eid gebunden, so nimmt man die Folterqualen eines nur zu oft vergeblichen Kampfes auf sich; bindet der Eid uns nicht, wozu leisten wir ihn denn?

Weil mich Schuwalows Untreue, die so früh mein Leben zerstörte, sehr unglücklich gemacht hatte, wollte ich meine Liebe einem Würdigeren geben und ihm treu sein, um in seinem Glücke zu empfinden, daß meine Liebe, daß ich selbst ein Gut wären, welches Werth haben könne.

Wiesel war nicht glänzend, nicht schön, nicht reich und vornehm, nicht leidenschaftlich und zärtlich wie Schuwalow. Weil er das Alles nicht war, wollte ich ihn lieben und heirathete ihn. Man sagte mir, er sei ein Egoist, ein kalter, berechnender Verstand. Dies schien mir die Bürgschaft zu geben, er werde Alles aufbieten, daß wir nicht so elend würden, als die meisten Menschen, die ich in unglücklichen Ehen sich aufreiben, oder sich nach schmerzensvollen Kämpfen trennen sah. Ich wollte durchaus nicht mehr leiden, Schuwalow durchaus vergessen, und ich meinte dies zu können, wenn ich mir vornähme, Wiesel eine musterhafte Gattin zu werden. Was hält man nicht Alles für möglich, wenn man noch unerfahren ist!

Aber ich habe Schuwalow nicht vergessen, Wiesel nicht lange lieben können; ich habe andere Männer geliebt, sie haben mich, ich habe sie getäuscht mit absichtlicher, mit unwillkürlicher Täuschung. Wiesel hat es gesehen und es ist ihm ein Beweis mehr gewesen für seine alte Ueberzeugung, daß der Mensch nicht für die Treue, für die Beständigkeit geschaffen sei. Diese Ueberzeugung ist es, die ich Wiesel verdanke, und sie ist trostlos.

Denke nur! mit vier und zwanzig Jahren, mit einem weichen Herzen, das sich der Liebe erschließt, immer und immer zu wissen: Daß ist nur augenblickliche Erregung, das dauert nicht! Dies Feuer, dies Bedürfniß ewigen Haltens sind Blumen, die verwelken, damit neue erblühen; es ist ein materieller Werdeprozeß, wie jeder andere im All.

Und wenn dieses eisige Wort Wiesels in meiner Seele erklingt, wenn ich trotzdem die Wundmale fühle, welche jede neue Liebe in mir zurückgelassen hat, wenn ich bald die eigene, bald die fremde Untreue beklage, und doch mit bebendem Ahnen empfinde, daß mein Herz der Liebe nicht abgestorben ist, dann kommen alle Schmerzen meiner Vergangenheit als Bilder der Zukunft vor mein Auge, und ich sage mir: so werde ich wieder lieben, so wieder verzweifeln, und niemals, niemals Ruhe finden, niemals Glück und Ruhe bereiten, denn Niemand wird glücklich durch Liebe. Liebe ist eine Lebensblüthe, welche der Wind verweht, damit die ernstern Kräfte im Menschen Früchte tragen.

Meine Liebesblüthen, meinen Glaubensfrühling hat der eisige Zweifel meines Mannes zerstört. Er wollte nicht leiden durch meine glaubensvolle Liebe, die er unbequeme Empfindelei nannte. Er wollte kein Sklave des Eides sein, sondern frei auch in der Ehe, Herr seines Willens und doch Herr des meinen. Ich sollte ihm nicht Liebe heucheln, wenn ich sie nicht mehr empfände. Diese Zeit kam bald. Aber ich sollte seinen Absichten dienen, er wollte Einfluß, Macht gewinnen, wirken durch meine Schönheit, beneidet sein um sie — und ich wollte beglücken und genießen.

Wohin uns dies geführt? Frage mich nicht. Aber wenn Du mich sehen wirst, lachend und tändelnd wie die Andern, so denke, da geht ein Gespenst umher auf seinem eigenen Grabe, eine Nixe, eine Lureley, die liebedurstig den Schiffer anlockt, obschon sie weiß, daß es ihr kein Glück und ihm vielleicht den Tod bereitet.

Im Uebrigen frage mich was Du willst. Ich habe die halbe

Welt gesehen, kenne alle Berühmtheiten, bin im Besitz der neusten Moden und eigentlich eben so glücklich als all die andern Männer und Frauen unserer Zeit, die auch Nichts glauben, Nichts heilig halten und an jedem Tage einen neuen Tag leben. Meine Thorheit ist nur, daß ich manchmal wünschte, es wäre doch anders.

Kaum hatte der Prinz diesen Brief beendet, als François ihm Wiesel meldete.

Nur drei Jahre waren vergangen, seit der Prinz ihn nicht gesehen hatte. Wiesel war im Aeußern durchaus nicht verändert, und doch dünkte er ihm in diesem Augenblicke eine vollkommen neue und fremde Erscheinung, da er ihn als Paulinens Gatten betrachtete.

Seine große, magere Gestalt, die starke, spitze Nase, welche zwischen den hellgrauen, scharfleuchtenden Augen hervorsprang, sein fester, durchbohrender Blick, und der feinlächelnde Mund, dessen Sprache den sanftesten Wohllaut behielt, auch bei den härtesten Aussprüchen, machten zusammen einen fast unheimlichen Eindruck, welcher durch die unverkennbare Klugheit und geistige Ueberlegenheit des Mannes noch erhöht wurde.

Wie immer war er mit einer Menge von Planen beschäftigt. Die Handelskrisis, welche dadurch veranlaßt, daß England im Juni dieses Jahres die deutschen Häfen blokirt hatte, bot für kaufmännische Spekulationen ein reiches Feld. Die deutschen Baumwollenwaaren und gedruckten Kattune waren noch so schlecht, daß sie neben den englischen keinen Vergleich aushielten, und nur die Aermern sich ihrer nothgedrungen bedienten. Alle überseeischen Produkte, Kaffee, Zucker und Gewürze, waren zu einem fünffachen Werthe gestiegen, weil man sie nur durch einen Schleichhandel erlangen konnte, den die Wachsamkeit der englischen Blokadeschiffe sehr gefährlich machte. Diese Theuerung wurde noch fühlbarer, da es im Lande selbst an Geld fehlte; denn auch der Absatz deutscher Fabrikate und Produkte nach England und Amerika war gehemmt. Namentlich lag der schlesische Leinwandhandel gänzlich darnieder, so daß Preußen und Oesterreich, jedes für seinen Theil, die Noth der Weber kaum zu bewältigen vermochten.

Wiesel war längere Zeit in Wien gewesen, hatte Schlesien durchreist, sich in Breslau aufgehalten, und nach seiner rührigen Weise, mit Personen aller Stände Verbindungen angeknüpft. Er kannte die Sachlage auf das Genauste, wußte die Bedrängniß des Fabrikanten, des Handwerkers, des Ackerbauers lebhaft zu schildern, aber auch eben so gut die Vortheile zu berechnen, welche sich einzelnen unternehmenden Männern durch diese Verhältnisse geboten und sie zu Millionairen gemacht hatten.

Im Auftrage von Gentz berichtete er dem Prinzen, daß Oesterreich seine Truppen gegen die italienische Grenze hin unmerklich zusammenziehe, und auf den Kriegsfuß rüste, da Frankreich an der piemontesischen Grenze eine Heeresmacht aufgestellt habe. Er schilderte die Thätigkeit und den Einfluß des Erzherzogs Karl, der kraftvoll und kriegerisch gesinnt, dem Kaiser Franz hilfreich zur Seite stand. Dann aber ging er bald wieder zu seinen eigenen Absichten über, bei deren Ausführung ihn mehr noch die Thätigkeit reizte, als der Gewinn.

Man müsse, sagte er, Bonaparte nachahmen, Rübenzuckerfabriken anlegen, Getreidekaffee schaffen, um den Folgen der Kontinentalsperre entgegen zu treten, und dem Bedürfniß des Volkes abzuhelfen. Es müßten verbesserte Kattundruckereien eingeführt, Vereine unter den Frauen gestiftet werden, sich nur in deutsche Leinwand und deutsche Baumwollenstoffe zu kleiden, und gerade der Prinz müsse sich an die Spitze aller dieser Unternehmungen stellen, damit König und Volk sich gewöhnten, ihn sowohl im Großen wie im Kleinen, in den Angelegenheiten des Krieges, wie des Friedens, als den Vertreter der öffentlichen Meinung und des allgemeinen Besten zu betrachten.

Die große Lebhaftigkeit, mit welcher Wiesel dies Alles vortrug, die Dringlichkeit, durch die er den Prinzen zu Unterneh=

mungen verleiten zu wollen schien, welche außer dem Bereiche seiner eigentlichen Theilnahme lagen, machten ihm einen quälenden Eindruck.

Von der Kriegspartei im Lande öffentlich als ihr Haupt genannt, von allen Seiten zum Einschreiten, zu Thaten gedrängt, nach denen er selbst sich sehnte, und die doch unmöglich für ihn waren, konnten solche Zumuthungen ihn nur verstimmen. Mit mühsam verhehlter Ungeduld hatte er Wiesels Erzählungen angehört.

Als er geendet, sagte der Prinz: Sind Sie nur darum zurückgekommen, lieber Wiesel, um zu erfahren, daß hier in Berlin, daß in Preußen Alles beim Alten ist, während die übrige Welt rastlos fortschreitet und sich entwickelt, so werden Sie sich bald von der Wahrheit dieser Thatsache überzeugt haben. Hoffen Sie jedoch mit Ihrer Hand irgend Eines der in's Stocken gerathenen Räder unserer Staatsmaschine in Bewegung zu setzen, dann wählen Sie einen andern Gehilfen dazu als mich.

Und doch blicken alle Augen auf Sie, grade auf Sie Hoheit!

O ja! wie man nach einer Standarte blickt, die hoch auf einem Felsen aufgerichtet steht; man ersieht sie als Vereinigungspunkt, weil sie hoch steht, ohne zu fragen, aus welchem Holze sie gemacht ist. Aber Jeder weiß es, daß eine Standarte ein todtes, willenloses Werkzeug ist, die weder das Signal zum Kampfe geben, noch die Massen selbstständig in Bewegung setzen kann. Vielleicht nimmt einmal ein Mächtigerer sie zur Stunde der Noth in die Hand, um sie dem Volke im Kampfe vorzutragen, bis der Kugelhagel sie zerschmettert. Darin liegt denn aber für die Standarte eben kein Glück und kein Ruhm. Wie könnte ein Werkzeug darauf auch Anspruch machen wollen! So lassen wir das, und sprechen Sie mir von andern Dingen.

Wiesels lebhaftes Auge überflog mit schneller, kluger Betrachtung die Züge des Prinzen. Diesen Ausdruck der Erbitterung, des Widerwillens und zugleich der Ermüdung hatte er früher niemals an ihm wahrgenommen. Was er auch that, den Prinzen durch Mittheilungen von dem Stande der Ereignisse in Wien und Paris zu fesseln, der Prinz blieb zerstreut und kalt. Aber Wiesel war nicht leicht zu entmuthigen. Da weder die Schilderung von dem Fanatismus der Franzosen für Bonaparte, noch die Auseinandersetzung von der großen Wirksamkeit des Erzherzogs Karl, des Prinzen Theilnahme erregten, so ging Wiesel allgemach auf die ihm zunächst liegenden Dinge zurück.

Als ich Hoheit von den nothwendigen Fabrik=Unternehmungen sprach, hatte ich eigentlich die Absicht, Sie für bestimmte Personen zu interessiren, sagte er. Ein gewisser Wegmann, der schon seit Jahren eine Kattundruckerei besitzt, hat dieselbe bedeutend erweitert. Er wünscht Nichts lebhafter, als der Königin und der Frau Prinzessin Ferdinand Proben seiner Thätigkeit vorlegen zu dürfen, um deren Schutz zu erlangen. Vielleicht entschließen sich Hoheit einmal die Druckerei anzusehen, und den Herrschaften davon zu sprechen. Es ist wirklich nothwendig, den Muth der Gewerbetreibenden durch die Gnade des Hofes zu beleben.

Kennen Sie die Leute?

Ja! gnädigster Herr! Ein kleines Kapital, das mein Vater diesem Wegmann anvertraute, steckt noch in dem Geschäfte. Er hat einen Sohn, welcher als Drucker England und Frankreich bereist, und sich so bedeutend vervollkommnet hat, daß man sich Gutes von ihm versprechen kann. Gestatten Sie mir, den Wegmann's die Aussicht auf Ihren Besuch zu eröffnen?

Es kann geschehen, Wiesel! erinnern Sie mich daran! entgegnete der Prinz in halber Zerstreutheit, und fragte dann plötzlich: Wie geht es Ihrer Frau?

Sie ist erfreut, wieder in Berlin und im Vaterhause zu sein.

Wohnen Sie bei Ihrer Schwiegermutter?

Nein, Hoheit! ich wohne in der Stadt Paris, und es ist möglich, daß ich den ganzen Winter diese Wohnung behalte, die mir durch ihre Lage in der Brüderstraße, im Mittelpunkte der

Stadt, manche Bequemlichkeit gewährt. Nur meine Frau wohnt bei ihrer Mutter.

Wissen Sie, daß ich Ihre Frau nicht kenne?

Pauline bedauert dies lebhaft. Sie hat die Hoffnung gehegt, Hoheit vielleicht diesen Abend bei Frau von Grotthuß vorgestellt zu werden.

Ich bin verhindert der Einladung der Baronin Folge zu leisten, so gern ich hinkäme, Ihre Frau zu sehen, von deren Schönheit und Anmuth ich seit Jahren sprechen höre. Aber Sie scheinen nicht eifersüchtig zu sein, Wiesel, da Sie sich so fern halten von Ihrer Frau?

Wiesel zuckte lächelnd die Schultern. Ich bin auch darin Fatalist, wie in allem Anderen.

Beide Männer lachten. Es war Mode, die eheliche Treue gering zu achten, Mode, mit der Sittenlosigkeit zu prahlen. Da die meisten Ehen in den höheren Ständen und unter den Wohl= habenden nicht nach der Neigung der zu Verheirathenden, sondern nach den Berechnungen ihrer Eltern geschlossen wurden, waren Ehe und Familienleben in jenen Kreisen fast gänzlich aufgelöst. Männer und Frauen hielten sich vollkommen berechtigt, sich für den Zwang, welchen ihnen die Konvenienzehe auferlegte, in selbst gewählten Herzensverbindungen zu entschädigen. Der Umgang der Geschlechter war überaus frei; und wie man nachsichtig war gegen den Ehebruch, so tadelte man strenge die Untreue gegen diese Liebesverhältnisse, welche, wie das Cicisbeat der Italiener, durch die Gewohnheit geheiligt wurden.

Der Prinz that noch einige leicht hingeworfene Fragen nach den Neuigkeiten des Tages. Als Wiesel sich dann empfehlen wollte, sagte Jener: Ich überlege eben, daß ich mich allenfalls diesen Abend frei machen und Frau von Grotthuß besuchen könnte. Sagen Sie Ihrer Frau, daß ich mit großer Freude daran denke, sie heute kennen zu lernen. Auf Wiedersehen also, lieber Wiesel, bei Frau von Grotthuß.

Sechstes Kapitel.

Zeitiger als es sonst seine Gewohnheit war, verfügte sich der Prinz heute zur Baronin. Abgestumpft fast gegen jeden geselligen Genuß, war ihm die Spannung der Neugier reizend, mit der er Paulinens Ankunft erwartete.

Die Baronin, Henriette, die Unzelmann, Vetter, Tilly, eine größere Gesellschaft von Männern und Frauen waren bereits beisammen, als Wiesel mit Pauline eintrat.

Der Prinz hatte erwartet, sie schön zu finden, aber diese strahlende Erscheinung übertraf seine Vorstellungen. Groß, schlank und doch voll gebaut, zeigte ihr Körper jenes wellenförmige Verschmelzen der einzelnen Glieder zu dem Gesammtausdruck makelloser Formenschöne, wie man sie an griechischen Statuen der besten Zeit bewundert. Nach der französischen Sitte jener Tage trug sie ein antikes Costüm, das, obschon im Norden eben so unangemessen, als den Begriffen deutscher Sitte entgegen, ihrer Schönheit sehr zu Statten kam.

Ganz in rosa Trikot gekleidet, von leichten Mousselingewändern, die ein Goldgürtel unter der Brust zusammen hielt, mehr umwallt als verhüllt, die blonden, nach der Antike aufgewundenen Locken mit einem Diademe geschmückt, um das sich ein reicher Epheukranz wand, war sie das schönste Modell einer Bacchantin, das die vielverlangende Phantasie des Künstlers begehren konnte. Ihre großen blauen Augen schienen Strahlen zu werfen, ihre Stirn leuchtete in dem Siegbewußtsein der Schönheit, und der Prinz hing wie festgezaubert on den glühenden Lippen, an dem zauberischen Lächeln Paulinens, weil ihm war, als müsse dieser Mund sich öffnen, einen jubelnden Lobgesang der Freude anzustimmen — jener Freude der Götter, welche unendlich ist.

Da Pauline auf die Anwesenheit des Prinzen vorbereitet war, suchten ihre Blicke ihn bei dem Eintritt, und sie begegneten den seinen, um einander festzuhalten.

Mag man den Glauben an eine geheime Sympathie als dichterische Erfindung verwerfen, dennoch ist es nicht zu leugnen, daß Menschen wie durch Wunderkraft plötzlich gewaltsam aufeinander wirken, daß es eine Liebe giebt, die der Moment erzeugt, als wäre ihr Entstehen eine Nothwendigkeit in dem großen Ganzen des Alls.

Daß dieses Urbild weiblicher Vollkommenheit, zum Glück berechtigt, Glück gewährend durch sein bloßes Erscheinen, das Glück nicht kenne, daß hinter dieser lachenden Außenseite ein Schmerz, eine Hoffnungslosigkeit sich berge, so groß wie sein eigner Lebensüberdruß, so tief wie seine eigne Herzensleere, diese Ueberzeugung zog den Prinzen zu Pauline.

Er hätte ihr augenblicklich sagen mögen, daß er sie liebe, daß er die Wunde ihrer Seele kenne und sie heilen wolle durch eine Hingebung, die endlos und ohne Gleichen sein solle.

Seine Vergangenheit drückte ihn zu Boden. Er wünschte schuldlos zu sein, schuldlos wie der Mensch hervorgeht aus dem Schooße der Natur, damit Pauline achtend zu ihm emporsehen, sich auf ihn stützen könne.

Befangen, fast mit der Schüchternheit des Jünglings, trat er an sie heran. Das ist das große Wunder, die Wiedergeburt durch die Liebe, daß sie den Menschen mit Abscheu erfüllt gegen alles Unedle, daß sie ihn sehnsüchtig macht nach Schönheit und nach Reinheit.

Pauline, von der äußeren Erscheinung des Prinzen lebhaft angezogen, fühlte sich betroffen durch die scheue Ehrfurcht, in welcher er ihr nahte. War dies Prinz Louis Ferdinand, den die Welt einen Wüstling nannte?

Sie hatte einen übermüthigen, begehrenden Mann zu finden erwartet, zu einem spielenden Wettkampf war sie gerüstet gewesen, aber hier trat ihr eine so tiefe Huldigung entgegen, daß sie in dem Gefühle, solcher Hingebung nicht werth zu sein, dem Prinzen einen überdachten Plan zuschrieb, und ihm mit leichtfertiger Gewandtheit begegnete, obschon sie wünschte, mehr von ihm zu erfahren, als es bei dieser Art der Unterhaltung möglich sein konnte.

Graf Tilly, im Interesse der Bourbonen stets sehr begierig, den Stand der Meinung in Europa zu kennen, hatte Wiesel bald in eine Unterredung verwickelt, die sich allmählich auf jene Punkte zurückwendete, welche am Morgen zwischen diesem und dem Prinzen verhandelt worden waren. Namentlich besprach man wieder die Nothwendigkeit, durch das Benutzen inländischer Fabrikate dem Nationalwohlstande zu Hülfe zu kommen.

Da die Königin und die Prinzessin Radziwil sich schon vielfach derselben Meinung erklärt, und manche dahin einschlagende Schritte gethan hatten, schien diese Vorsorge für die Arbeitslosen Mode zu werden, so daß Frau von Grotthuß sowohl, als Henriette und die Unzelmann, sich bereit erklärten auf alle ausländischen Stoffe zu verzichten. Nur für die Bühne begehrte die Letztere der unbeschränkten Freiheit, die Kleidung nach ihrem Ermessen zu wählen.

Henriette, welche, um ihre geringe Bildung zu verbergen, sich einer gewissen Schönrednerei befliß, seit sie mehr in der Gesellschaft jener ihr geistig überlegenen Frauen lebte, sagte: Ich werde meine Kinder von heute ab nur in deutsche Stoffe kleiden, und sie sollen sich von Jugend an gewöhnen, wie ihr Vater, rechte Deutsche zu sein. Was mich betrifft, habe ich dem Wunsche durch meine Kleider die Augen zu fesseln, lang entsagt;

ich trage jeden Stoff und jede Farbe, die mein Herr mir anzulegen befiehlt.

Ein scharfer, wenn schon flüchtiger Blick auf Pauline, die ganz in den kostbarsten ostindischen Mousselin gekleidet war, gab diesen Worten eine bestimmte Bedeutung, und verrieth, daß die nie schlummernde Eifersucht Henriettens hier ihr neues Ziel erkannt habe.

So sind Sie gar nicht mehr eitel? fragte die Unzelmann, davon habe ich keinen Begriff. Ich will gefallen —

Und darum gelingt es Ihnen so wunderbar, meinte Tilly. Das Schlimme ist nur, daß Sie mit jeder neuen Toilette einem neuen Verehrer gefallen wollen, und daß die Alten, eben wie die früheren Toiletten, fortgethan werden.

Fällt Ihnen das auf?

Nicht im Geringsten, schöne Freundin! Sie folgen Ihrer Natur: souvent femme varie, bien fol est qui s'y fie!

Und doch wären Sie der Erste, Graf Tilly, sich über die Beständigkeit einer Frau zu beschweren, wenn man von Ihnen das Gleiche verlangte. Ich gestehe, ich liebe den Putz, ich liebe ein neues Kleid und —

Einen neuen Verehrer! neckte Tilly.

Das kommt vom Unterbrechen heraus! rief sie, ich wollte sagen, und doch hänge ich an manchem Alten —

Verehrer? fragte Tilly.

Wünschen Sie das nicht? sagte sie, dem Grafen die Hand reichend, der sie küßte und eine Weile in der seinen behielt.

Pauline hatte ruhig zugehört, jetzt bemerkte sie: Ich habe oft mit Wiesel darüber gestritten, wenn er mir die Lust am Putze als Zeichen der Gefallsucht auslegen wollte. Muß man sich denn für Andere schmücken?

Nun doch sicher nicht für sich selbst, meinte Henriette. Es würde uns schwerlich einfallen, uns zu putzen, wüßten wir, daß kein fremdes Auge uns sieht.

Da kennen Sie Pauline nicht, sagte Wiesel, die liebt den Schmuck aus Lust am Schmucke, wie ein Kind —

Nein, Wiesel, [unterbrach sie ihn, nicht wie ein Kind! Ich liebe ihn, weil der Schmuck schön ist und nur wenn er schön ist, und ich lege ihn an, weil es mich freut, wenn mir mein Bild so schön als möglich aus dem Spiegel entgegenblickt. Ich wäre untröstlich, wolltet Ihr mich verdammen, mich in die schweren, dichten Stoffe Deutschlands zu verpacken, in denen man wie die Mumie seiner Großmutter umherwandert. Ich glaube, ich sehnte mich in der Tracht, die Ihr vorschlagt, bald nach mir selbst.

Henriette lächelte spöttisch, Wiesel neckte seine Frau mit ihrer Selbstvergötterung, die andern Männer fanden diese in ihrer Schönheit rechtmäßig begründet, und machten ihr die Lobsprüche, welche ihr Geständniß herauszufordern schien; nur der Prinz faßte es anders auf.

Wie fremd, rief er, sind wir der wahren Natur geworden, daß uns ihr Ausdruck, wo er uns, wie hier, offen und rein entgegentritt, auffallend, ja fast unmöglich und unwahr erscheint.

Man wollte wissen, wie er das meine.

Sehen Sie nicht, daß dies jenes reine Selbstgenießen ist, welches die Alten ihren Göttern zuschrieben? Jenes Ruhen in sich, das aber freilich nur der Vollendung möglich ist? Hätte die Rose Bewußtsein, sie müßte ihre Schönheit so sicher und so gewiß empfinden und genießen, als diese Frau. Es ist ein Gottesdienst in dieser Selbstgenügsamkeit!

Die Unzelmann blickte im Kreise umher, sah Alle der Reihe nach prüfend an und sagte: Wir Alle sind nicht häßlich, wir sind der Mehrzahl nach sogar schön, so wollen wir uns denn jetzt, Jeder sich selbst auf den Thron der Göttlichkeit erheben und uns selbst anbeten. Ich erkläre feierlich, daß ich keine Götter haben will neben mir, namentlich keine weiblichen, wären sie auch so schön als Pauline Wiesel.

Mit diesen Worten sprang sie auf und küßte Pauline auf die Stirne; sei es, daß sie, von Natur neidlos und selbst sehr reizend, sich unbefangen an fremder Schönheit zu erfreuen vermochte, oder daß sie empfand, es sei klug, sich einem aufgehenden Gestirne anzuschließen, welches zu verdunkeln man nicht die Macht besitzt. Wüßten die Frauen, wie ihr Neid sie selbst erniedrigt und ihre Nebenbuhlerinnen verschönt in den Augen der Männer, als Beweis, daß sie sich gezwungen fühlen, die Gewalt der beneideten Schönheit anzuerkennen, sie würden gerade in ihrer Abneigung die Kraft finden, fremde Vorzüge zu bewundern und gelten zu lassen, um die eigenen nicht vergessen zu machen.

Von diesen Neckereien kam man auf die Unterstützung der Armen zurück. Vetter schlug vor, man wolle gleich hier eine Sammlung veranstalten und Freunde und Bekannte zu ähnlichem Unternehmen auffordern.

Alle waren damit zufrieden. Männer und Frauen leerten ihre Börsen. Als die Reihe an Pauline kam, lachte sie hell auf und rief kindisch froh in die Hände klatschend: nun habe ich Sie Alle in der Idee der Wohlthätigkeit bestärkt, und bewundre Sie auch sehr, aber ich kann Nichts geben, denn ich habe Nichts.

So will ich Ihnen borgen, Pauline! sagte Vetter.

Wie auf der Reise? nicht wahr? Aber Sie wissen ja, ich habe Schulden. Wiesel will sie nicht mehr bezahlen, und ich bin jetzt auf ein bestimmtes Nadelgeld gesetzt, das nun am Ende des Jahres längst verthan ist.

Man nahm dies für Scherz, Pauline betheuerte, es sei Wahrheit, und als man dennoch darauf bestand, sie müsse um so mehr beisteuern, da sie sich gegen das Aufgeben fremder Stoffe erklärt habe, sagte sie: Da bleibt mir Nichts übrig, als mein eigenstes Eigenthum zu opfern. Sie löste eine kleine Spange von ihrem Oberarm, warf sie in die Vase, in welcher man die Sammlung veranstaltet hatte und sagte: nun sehen Sie sich nur vor, daß Sie sie gut verkaufen.

Das werde ich besorgen! rief der Prinz, nahm die Spange, legte sie um sein Handgelenk, und ging dann gleich an das geöffnete Klavier, vor dem er sich niederließ.

Alles schwieg, man stellte sich herum ihn zu hören, auch Pauline trat in den Kreis. Des Prinzen Augen sahen nur sie.

Jener Päan der Freude, welchen er aus Paulinens Lippen zu hören geglaubt, erklang aus den Akkorden. Ihm war es, als läge in dem Armbande, welches den Arm Paulinens umspannt hatte, eine magnetische Kraft. Eine Fülle von Gedanken, eine Welt von Gefühlen und Ahnungen durchbebten ihn, deren Reichthum fast zu groß war für das Menschenherz. Die fernliegendsten Akkorde vereinten sich zu Harmonien, wie er sie nie gefunden hatte, ihm selbst erst klar machend, welch eine Macht er in seiner musikalischen Begabung besitze. So hatte er nie gespielt, so niemals seine Herrschaft über das Reich der Töne erkannt. Er that sich selbst genug, er entzückte sich selbst, weil er Pauline genug thun und entzücken, weil er ihr sein ganzes Innere enthüllen wollte; und wie sie ruhte im Genuß der eigenen Schönheit, so genoß der Prinz in diesem Augenblicke den Reichthum seiner schöpferischen Begabung.

Wie lange er gespielt hatte, er wußte es nicht. Mit glühenden Wangen, in tiefer Erregung stand er endlich auf. Seine Zuhörer schwiegen, denn jede große Erhebung ist stumm, weil das Wort nicht mächtig genug für ihren Ausdruck ist.

Als die erste Erschütterung verklungen war, als der Beifallssturm und die Bewunderung sich in lauten Ausrufen geltend machten, seufzte der Prinz tief auf, als erwecke man ihn unsanft. Er blickte nach Pauline, ihre Augen schwammen in Thränen. Ohne sie anzureden, ohne mit Jemand zu sprechen, schied er mit einem letzten, langen Blicke auf sie.

Siebentes Kapitel.

Am nächsten Morgen schon kamen Wiesel und Vetter, nach einer Verabredung, welche man bei Frau von Grotthuß getroffen hatte, den Prinzen zu einem Besuche in der Wegmannschen Kattundruckerei abzuholen.

Trotz des leichten Schneegestöbers, das den trüben Dezembertag noch mehr verdunkelte, machten die Männer sich zu Fuß auf den Weg. Zu dreien durchschritt man die Straßen der Königsstadt. Endlich sagte Wiesel vor einem grauen, zweistöckigen Hause der Stralauerstraße: hier sind wir am Ziele!

Aber ehe er noch klingeln konnte, ward die Thüre geöffnet, und Herr Wegmann selbst, gefolgt von seinem Sohne, trat heraus, den Prinzen zu empfangen. Es war ein rüstiger Greis von untersetzter Gestalt. Der zimmetfarbene, breitschooßige Rock mit den großen Perlmutterknöpfen, die gelbe, buntgeblümte Piqué weste, das weiße Halstuch, die kurze Manchesterhose und die weißen Strümpfe, Alles, von dem sorgfältig gepuderten Zöpfchen, das sich schlängelnd bei den Verbeugungen des Greises bewegte, bis hinab zu den großen silbernen Schuhschnallen, glänzte vor Sauberkeit. Der Sohn, ein blühender junger Mann in der Mitte der zwanziger Jahre, war nach der Tagessitte, aber in einfachster Art, gekleidet, und sah ruhig den immer wiederholten Bücklingen seines Vaters zu, der sich in freudiger Ergebenheit und demüthiger Höflichkeit dem Prinzen gegenüber nicht genug zu thun vermochte.

Dies ist der schönste Tag meines Lebens! königliche Hoheit! und ich werde es Herrn Wiesel ewig danken, daß er mir die Gnade verschafft hat, königliche Hoheit unter meinem Dache zu sehen! das waren die ersten Worte, die er mit Thränen in den Augen hervorbrachte, während er nach der Hand des Prinzen griff, um sie an seine Lippen zu drücken, ehe dieser es zu hindern vermochte.

Eine dunkle Röthe überflog das Antlitz des Sohnes. Er trat, sich stumm verneigend, einige Schritte tiefer in das gepflasterte Portal des Hauses zurück, das zugleich den Durchgang nach dem Hofe und den Arbeitsgebäuden bildete.

Der Prinz hatte die Bewegung des Sohnes bemerkt. Mit aller Natürlichkeit, welche ihm eigen war, sagte er: Danken und freuen Sie sich nicht zu früh, Herr Wegmann, denn möglicher Weise werden Sie bald über meine technische Unwissenheit erstaunen, und es für eine geringe Ehre halten, einem Kenntnißlosen Aufklärungen zu geben. Dann auf den jüngeren Wegmann deutend, fragte er: Ihr Sohn, nicht wahr? — Mich dünkt, ich habe Sie gesehen?

Ich habe im vorigen Jahre die Vorlesungen —

. Ueber Experimental-Physik besucht, fiel ihm der Prinz in das Wort; richtig! da war es, da habe ich Sie gesehen. Sie sind ein fleißiger Zuhörer gewesen.

Es bleibt uns so wenig Zeit zu geistiger Ausbildung, antwortete der junge Mann, daß man dankbar und eifrig eine Gelegenheit, wie jene Vorlesungen, ergreift, um so mehr, wenn sie in unser Fach einschlagen.

Während man das sprach, stand die Hausfrau auf der untersten Schwelle der Treppe, welche aus dem Portal in die obere

Etage und zu dem Putzimmer führte, unaufhörlich knixend und mehrmals den Mund zu einer Anrede öffnend, die sie sich seit zwei Stunden, seit man von dem Besuch des Prinzen unterrichtet worden war, unablässig wiederholt hatte. Dabei strich sie die kleinen grauen Löckchen unter der fein gefältelten Haube zurecht, und zog bald die schwarze Taffetschürze, bald das zusammengelegte Taschentuch in regelrechte Falten. Eine schöne, junge Frau stand neben ihr.

Da des Prinzen Augen sich nach den Beiden wendeten, sagte der jüngere Wegmann: Meine Mutter, Königliche Hoheit, und meine Frau.

Nun trat die Matrone heran: Gnädigster Herr! ich habe meine silberne Hochzeit gefeiert, aber dieser Tag! aber diese Ehre! — Wenn Sie uns die Gnade erzeigen wollten, hier herauf zu kommen! wir können in der Eile nicht viel bieten, aber was wir konnten — wenn Sie ein Frühstück einnehmen wollten! — ach gnädigster Prinz! —

Sie war ganz roth geworden vor Freude und Verlegenheit, und als der Prinz ihr entgegnete: Ein Frühstück wird uns sehr gut thun nach der feuchten Luft, lassen Sie uns nur erst die Druckerei besehen, da wußte sie offenbar ihres Glückes kein Ende. Leuchtend über das ganze Gesicht, wendete sie sich zu ihrer Schwiegertochter und sagte leise, während die Männer nach dem Hofe gingen: Geh' und binde Dir meine goldene Kette um, ich schenke sie Dir.

Das Alles war das Werk einiger Minuten gewesen. Nun eilten die beiden Frauen die Treppe empor, und schon auf der Hälfte derselben rief die Mutter in das obere Stockwerk hinauf: Ja! er bleibt; nun nur geschwind!

Die Fabrikgebäude bestanden aus einigen Häusern von Fach= werk, in denen etwa hundert Arbeiter beschäftigt sein mochten. Die Druckmaschinen, welche jetzt eine so ungeheure Produktion möglich machen, benutzte man damals im Allgemeinen in Berlin noch nicht, und es durfte für einen großen Fortschritt gelten, daß man hier mit einer solchen Versuche zu machen angefangen hatte. Feuerfarbene Kattune, mit kleinen türkischen Blümchen übersäet, waren eine sehr beliebte Mode; aber nur die französischen Fabrikanten hatten es bisher vermocht, diese Grundfarbe ächt darzustellen, und erst der junge Wegmann hatte diesen Färbungsprozeß in seiner Vaterstadt eingeführt.

Bald vor, bald hinter dem Prinzen gehend, geleitete der Vater ihn in die Färberei, aufrichtig beklagend, daß der heiße Dampf aus den brodelnden Färbekesseln das Betrachten des Zeuges fast unmöglich machte. Von diesen Räumen ging man nach den Trockenböden, in denen die Zeuge der Länge nach aufgehängt waren, und endlich zu der Druckmaschine und zu den Zimmern der Drucker. Während des dumpfen Aufschlagens der Druckformen auf die mit Wollenzeug überzogenen Drucktische, erklärte der Alte das ganze Verfahren der Fabrikation. Aber der demüthige, tief unterthänige Mann hatte plötzlich eine ganz andere Haltung gewonnen. Er schien gewachsen zu sein, trug den Kopf hoch und das Zöpfchen, das vorher so unterthänig gewedelt hatte, hing nun steif und fest über den breiten Rockkragen herab. Immer noch voll Rücksicht und Ergebenheit gegen den Prinzen hatte er ein ernstes, sehr bestimmtes Wesen gegen seine Leute, und sein Blick machte die Drucker und Streichjungen an den verschiedenen Tischen so taktmäßig mit der Arbeit anhalten und sie wieder beginnen, wie das Commandowort des Generals die Truppen in Bewegung bringt.

Eifrig setzte der Alte auseinander, wie das Gelingen und Mißlingen des Zeuges von der Genauigkeit des Druckers abhänge, mit der er die Blockformen aneinanderpasse, und von der Stärke, mit der er den Abschlag der Form auf das Zeug vollbringe. Man ließ ein frisches Stück gefärbten Stoffes auflegen, auf dessen Anfang der Prinz mit einem Pinsel seinen Namen schrieb, und fing an, ein neu erfundenes Muster darauf zu drucken.

Das soll Prinzenkattun heißen in der nächsten Leipziger Messe! rief der Alte, nachdem man eine Elle davon gedruckt haben mochte, und der Holzschneider soll in das Modell den Namen Seiner Hoheit einschneiden für ewige Zeiten und das Datum bemerken. Dann, als der Prinz freundlich eine Frage über die Masse des Zeuges, welches der Einzelne in einem Tage zu drucken vermöchte, an den Sohn richtete, drehte sich der Vater plötzlich um, und sagte, sich an einen Drucker wendend: sieht Er denn nicht, daß der Bengel da die Farbe aufstreicht, als ob er Wagenschmiere auf Räder striche? Und was das für ein Einsetzen ist! die Streifen brechen ja alle ab! — Der Drucker bekam einen zornigen Blick, der Streichjunge ein paar Püffe im Vorübergehen: denn selbst die Freude über die Anwesenheit seines hohen Gastes hinderte den Fabrikanten nicht, die Augen überall zu haben, und er konnte es sich nicht versagen, die Anordnungen zu geben, welche ihm nothwendig erschienen.

Wiesel, der die Fabrik schon mehrmals besucht hatte, sich auch gewissermaßen als Theilnehmer an dem Unternehmen fühlte, kannte bereits jeden Arbeiter, und fragte hier und da um einzelne Versuche und Einrichtungen, von denen in den vorhergehenden Tagen die Rede gewesen. Vetter hielt sich zu dem jüngeren Wegmann, mit dem er befreundet war.

Nachdem man dem Prinzen alles Technische erklärt hatte, was irgend seine Theilnahme erregen konnte, schickte man sich zur Rückkehr in das Wohnhaus an. Alle Arbeiter hielten inne, wie von einem Zauber befreit, die Blockformen, die Streichpinsel, die Abstreichbürsten schwebten in der Luft, alle Augen folgten dem Prinzen, und kaum hatte die Gesellschaft die Fabrik verlassen, als das ganze Arbeitspersonal in Gruppen zusammentrat, dies wunderbare Ereigniß, diesen Besuch Louis Ferdinands zu besprechen.

Sehen Sie, königliche Hoheit! wie die Leute beglückt sind, sagte der alte Wegmann, sie würden nicht glücklicher sein, wenn Gott vom Himmel selbst herabgestiegen wäre, unserer Fabrik eine solche Ehre zu erzeigen.

Das eben ist es, was mich wundert, alter Herr, entgegnete der Prinz, und grade in diesem Augenblicke fragte ich mich, worin liegt die Macht, die wir auf diese Menschen üben, welche es ja Alle wissen, daß wir Sterbliche sind, wie sie selbst? Ich gestehe, ich hatte Achtung vor dem Fleiß dieser Arbeiter, die sich rastlos mühen um den täglichen Bedarf, und kam mir müssig und träge neben ihnen vor.

Wie königliche Hoheit nur so sprechen mögen! Als ob es keine Standesunterschiede gäbe, als ob das Gefühl des schuldigen Respektes vor Gott und Fürsten uns nicht angeboren wäre!

Der Prinz lächelte, und sich gegen den Sohn wendend, sagte er: Da haben Sie in Frankreich wohl andere Erfahrungen gemacht?

Karl, der junge Mann, wollte Etwas erwidern, aber man war in das Haus getreten, die Mutter, an der Treppe harrend, rief abermals: sie kommen! und mit wiederholten Ergebenheitsbezeugungen wurde der Prinz die Treppe hinauf in das Putzzimmer geführt.

Einige schlecht gemalte Familienportraits, und Bilder des Königspaares zur Rechten und Linken des alten Fritz, schmückten die Wände. Blanke Möbel von Nußbaumholz, Sopha und Stühle mit Kattunen von eigener Fabrikation überzogen, alterthümliche Spiegel, aus viereckigen mit Blei verbundenen Glasstücken zusammengesetzt, mochten noch von der ersten Einrichtung der Eltern herrühren. Der Tisch war mit blau und weißem Geräthe sauber gedeckt, Alles verrieth Wohlstand, Rücksicht auf das Nothwendige, aber nirgend war eine Spur von modischem Luxus zu bemerken.

Als man an den Tisch trat, falteten die Eltern Beide die Hände und ließen sie dann mit einem Blicke auf den Prinzen wieder sinken. Der aber hatte ein Gleiches gethan, und dadurch zutraulich gemacht, sprach die Schwiegertochter leise das gewohnte Tischgebet:
>Komm Herr Jesu sei unser Gast
>Gesegne, was Du uns bescheeret hast!

Dann setzte man sich nieder, jedoch ohne die Frauen, welche es sich nicht nehmen lassen wollten, der hin= und hergehenden Magd die Schüsseln abzunehmen, um den Prinzen selbst zu bedienen.

Wiesel und Vetter waren Bekannte des Hauses, und des Prinzen Natürlichkeit überwand nach wenig Augenblicken die Unterthänigkeit des Greises, besonders nachdem ein Paar Gläser Wein seine Zunge gelöst hatten. Die Frauen waren durch die Anmuth und Freundlichkeit ihres Gastes gewonnen, und jeder Dienst für ihn ward zu einer Lust. Eine wirkliche Heiterkeit verbreitete sich über Alle, nur der Sohn schien sie nicht mit voller Hingebung zu theilen.

Königliche Hoheit! rief endlich der Alte, Sie haben heute schon so viel an mir und unserem Hause gethan, daß Sie mir die letzte Gnade nicht verweigern werden. Ich möchte einmal mit einem unserer Prinzen selbst auf das Wohl unseres allergnädigsten Königs und Ihrer Majestät der Frau Königin getrunken haben.

Von Herzen gern, lieber Wegmann! und aus Grund der Seele!

Alle standen auf, da der Alte sich erhob. Man füllte die Gläser; plötzlich aber rief er: Halt! die Ehre soll doch meine Alte auch haben und die Louise auch, damit sie es ihren Kindern erzählen kann. Kommt her, da sind Eure Gläser, stoßt an: Seine Majestät der König und die Frau Königin hoch! — und abermals hoch! — und nochmals hoch! —

Die Gläser klirrten, die alten beiden Leute küßten sich, Louise umarmte ihren Mann und trocknete, gleich den Eltern, die Thränen aus den Augen. Es herrschte eine Stille, wie nach einer feierlichen Handlung.

Wie schön ist diese treue Liebe, sagte der Prinz, wie viel Glück muß man spenden, sie zu verdienen.

Die Worte brachen das Schweigen. Nieder mit allen Feinden, nieder mit den Franzosen und dem Bonaparte, die uns den Krieg in's Land bringen wollen, rief wieder der alte Wegmann. Aber können Hoheit sich denken, daß der da drüben, daß mein Sohn; mein Fleisch und Blut, an dem Bonaparte hängt, und ihn wie einen Welterretter verehrt?

Ich würde Ihrem Sohne, so wenig ich auch Gelegenheit hatte, ihn kennen zu lernen, eher Neigung für die französische Freiheit, als für ihren Unterdrücker zugetraut haben. Haben Sie sich wohl gefühlt in Frankreich, Herr Wegmann? sagte der Prinz, um die unpassende Wendung des Gespräches abzulenken.

So wohl, Hoheit, daß ich es nur ungern verließ!

Nun aber verfinsterte sich das Gesicht des Vaters, und Wiesel bemerkte: Hoheit berühren hier den Zankapfel dieses sonst so friedlichen Hauses. Ich glaube, nur die Rücksicht auf Eltern und Frau hat diesen Abtrünnigen gehindert, sich in Frankreich niederzulassen.

Nennen Sie denjenigen abtrünnig, Herr Wiesel, der sich selbst, der die Bedingungen seines Glückes kennt und diese zu erlangen wünscht? fragte der junge Wegmann sehr ruhig.

Die Mutter und Louise wurden verlegen, machten sich neue wirthliche Pflichten, boten dem Prinzen abermals Obst und Kuchen an, und suchten auch den Vater zu beschäftigen. Gutmüthig kam der Erstere ihnen zu Hilfe.

Die erste Bedingung zum Glück, sagte er zu dem jungen Wegmann verbindlich, ist eine so liebliche Hausfrau als die Ihre.

Der alte Herr ging darauf ein. Er nahm sie bei der Hand,

nannte sie eine liebe Seele, und sprach zuversichtlich die Hoffnung aus, die jungen Leute würden eine eben so friedliche und lange Ehe leben, als er selbst mit seiner Gattin. Bald zog der Prinz auch diese in das Gespräch, und redselig erzählten die beiden Alten von den Tagen ihrer Jugend, von der Noth mancher Jahre, von dem Aufblühen ihres Gewerbes, und priesen Sohn und Schwiegertochter als gute Kinder, wobei der Vater bemerkte, die Grillen seines Sohnes würden sich nun wohl legen, da ihm solche Ehre in seinem Vaterlande, in seinem Hause wiederfahren sei.

Den Prinzen sprach die schlichte Herzenseinigkeit der alten Leute sichtlich an, und theilnehmend fragte er: Sie haben nur den einen Sohn, nicht wahr?

Aber als hätte ein unheilvoller Zauber die kleine Familie ergriffen, so veränderten sich plötzlich alle Mienen. Der Vater sah düster drein, die Frauen erbleichten, und auf den Zügen des Sohnes erschien eine Wolke tiefen Schmerzes. Da die Eltern sich nicht zu fassen vermochten, sagte er: Ich habe noch einen Bruder, er lebt aber nicht mit uns!

Die Seinen blickten ihn an, als habe er sie von einer Noth erlöst. Man sprach von andern Dingen, von Krieg und Frieden, von Handel und Gewerbe, indeß der rechte Ton war nicht mehr zu finden, und der Prinz erhob sich, um fortzugehen, von seinen Wirthen mit Dank und Segenswünschen bis an die Schwelle des Hauses begleitet, nachdem er versprochen hatte, auch die Königin und seine Mutter zu einem Besuche in der Fabrik zu veranlassen.

Als er sich mit Wiesel und Vetter auf der Straße befand, fragte er, was es mit dem Sohne, dessen man so geheimnißvoll erwähnte, für eine Bewandniß habe. Wiesel wußte es nicht, Vetter aber sagte: Er war Student und hat, so glaube ich, schlechte Streiche gemacht. Da haben die Eltern ihn verstoßen, und ihn entweder selbst in das Militair stecken, oder er hat sich freiwillig anwerben lassen. Seitdem vermeidet man, von ihm zu sprechen, und Niemand weiß von ihm, als Karl, der Sohn, der heimlich mit ihm verkehrt, was denn auch zu manchen Reibungen zwischen diesem und dem Vater Veranlassung giebt.

Und Sie wissen nicht, was er begangen hat?

Ich glaube, er hat nicht studiren wollen, und hat dann eine Liebe zu einem Mädchen unter seinem Stande gehabt. Es sind eben die gewöhnlichen Familienquälereien, in denen Bevormundung selbstständiger Menschen, und das Festhalten an den hergebrachten Standesunterschieden, die kleinen Parallelen für die großen Staatsfragen bilden.

Wie haben Sie die Fabrik gefunden, Hoheit? fragte Wiesel. Haben diese Männer Ihnen Zutrauen einzuflößen vermocht, daß Sie sie einer Unterstützung durch Ihr Vorwort würdig finden? Es wäre ihnen wesentlich zu helfen, es würde allmählig dem Lande selbst der größte Vortheil daraus erwachsen, wenn der Staat ihnen ein Darlehn von dreißig bis vierzigtausend Thalern gegen Zinsen bewilligen wollte. Sie könnten dann mehr Maschinen kaufen, mehr —

Lieber Wiesel! fiel ihm der Prinz lachend in's Wort, von Darlehn weiß ich Nichts, als daß ich bei meinen Anleihen immer sehr hohe Zinsen zahle und sehr schwer Geld erhalte; und von der Fabrik verstehe ich auch Nichts. Mich freute es, daß ich Ihnen gefällig sein und den alten Leuten ein Glück bereiten konnte, obschon ich dort eine schmerzliche Empfindung hatte.

Und worin bestand diese? fragten die Andern zugleich.

Je mehr ich die Welt in materiellen und geistigen Kämpfen ringen sehe, je weniger ich selbst mich von dem Dasein befriedigt fühle, um so mehr freut es mich, wenn ich irgendwo Glück und Zufriedenheit entdecke. Diese stille Familie, die friedliche Ehe der Eltern, der ungetrübte Glaube an Gott, an den König, an alles Bestehende, der Wohlstand dieser ebenfalls glücklichen jungen Gatten, gaben mir die Empfindung: hier weilen glückliche Menschen.

Das that mir wohl und stimmte mich so feierlich, wie die Alten durch den Toast auf den König gestimmt worden waren. Ich neidete ihnen fast ihr Glück. Nun merke ich, daß auch dieser Boden nicht fest ist, daß auch diese Menschen nicht glücklich sind, daß auch hier der ewige Unfriede eingedrungen ist, der unsere Zeit durchwühlt. Was ist eine Welt werth, in der es kein Glück zu geben scheint!

Glauben Hoheit noch immer an ein positives Glück? fragte Wiesel mit dem gewohnten, sarkastischen Lächeln, das zuckend seine Lippen umspielte.

Sehen Sie nicht, daß ich es suche? daß ich darnach ringe?

Ringen, Hoheit? Ringen um ein Ding, das so vergänglich ist, so zerbrechlich, daß es bei der Berührung in Nichts verschwindet? Ringen um Etwas, dessen einziger Vorzug darin besteht, täglich ein Anderes zu sein? Ringen nach Glück? Welch' unnütze Kraftanstrengung! Quelle bruit pour une ommelette, theuerster Prinz! Das Glück lohnt nicht der Mühe, man nimmt es, wo man es findet, und wirft es von sich, hat man genug davon. Es giebt kein beständiges Glück!

Der Prinz sah ihn düster an und sagte: Ich fragte Sie schon einmal, mußten Sie dazu heimkehren, Wiesel! um mir zu wiederholen, was mein eigner, trostloser Unglaube mir bis zur Verzweiflung predigt? Dann sich gegen Vetter wendend, rief er: Ich wollte, ich wäre wie Sie Vetter, auf dem Wege, ein Schwärmer zu werden, und an Ideale zu glauben wie Fichte. Nannten Sie mir nicht gestern den jungen Wegmann als einen Ihrer idealistischen Glaubensgenossen?

Wenn Hoheit unter dieser Bezeichnung, die wie Spott klingt, einen Mann verstehen, der seinen Glauben an ein Rechtsideal, der die Ueberzeugung seiner Vernunft so weit als möglich in sich selbst und im Leben zu verwirklichen strebt, so gehört Wegmann dazu!

Er scheint aber dadurch nicht wesentlich zu seinem und dem

Glücke seiner Familie beizutragen, meinte Wiesel. Sein Idealismus bringt den Zank in's Haus und ich glaube, der Alte verkaufte den Idealismus billiger, als die praktische Thätigkeit des Sohnes!

Ich möchte den jungen Wegmann wieder sehen Vetter! bringen Sie ihn zu mir, wenn er kommen will.

Hoheit! lachte Wiesel, nehmen Sie idealistische Republikaner nicht unter das Brennglas der Hofatmosphäre, in diesem Feuer verflüchtigen die Stärksten so schnell, daß Nichts von ihnen übrig bleibt, als — ein Höfling, wie wir Alle.

Bei diesen Worten hatte man die Wohnung des Prinzen erreicht und er trat hinein, seine Begleiter verabschiedend. Wiesel und Vetter, die ohnehin nicht freundlich mit einander standen, trennten sich, um nach verschiedenen Seiten davon zu gehen.

Achtes Kapitel.

Mehrere Tage waren vergangen, ehe der Zufall Pauline und den Prinzen wieder zusammengeführt hatte. Endlich konnte er seine Sehnsucht, sie wieder zu sehen, nicht mehr beherrschen. Eine Tante Paulinens war mit dem preußischen Konsul von Krayen in Leipzig verheirathet gewesen, und lebte jetzt nach dem Tode ihres Mannes in Berlin. Prinz Louis kannte Frau von Krayen; sie hatte ihn und die andern Prinzen mehrfach als Gäste bei sich gesehen, wenn sie während der Messe nach Leipzig gekommen waren, um sich an dem regen Treiben derselben zu ergötzen, das damals noch bedeutender erschien, weil die Menschheit noch nicht so beständig auf der Wanderschaft war, als in unserer Zeit der Eisenbahnen und Dampfer. Frau von Krayen war es, welche den Prinzen bei Paulinens Mutter einführte.

Die Geheimräthin Cäsar hatte viele Töchter. Sie waren Alle schön, Alle verheirathet, aber Pauline war immer der Liebling der Mutter gewesen, und wurde nach der Rückkehr in das Vaterhaus mit jener Liebe verhätschelt, die elterliche Schwäche sonst wohl einem einzigen Kinde angedeihen läßt. Jeder ihrer Wünsche fand Erfüllung, jeder Neigung ward gewillfahrt, nur den Besuchen des Prinzen glaubte die Geheimräthin sich widersetzen zu müssen, obschon sie nicht sittenstrenger dachte, als ihre übrigen Zeit- und Standesgenossen. Es lag ein selbstsüchtiger Grund hinter diesem Verhalten. Frau von Cäsar bezog eine Pension vom Prinzen Ferdinand, dem ihr Mann gedient hatte. Sie und ihre ganze Familie waren dem prinzlichen Hofstaate persönlich bekannt. Möglicher Weise konnten die Eltern des Prinzen irgend welchen Anstoß an dieser neuen Verbindung nehmen, man konnte der Geheimräthin aus ihrer Nachsicht einen Vorwurf machen, es konnten Verwicklungen, Mißverständnisse entstehen, und ihr die Pension vorenthalten oder auch nur geschmälert werden. Dies wünschte die kluge Frau zu vermeiden. So ward, obschon sie vermögend genug war, die Pension entbehren zu können, dem Prinzen Louis von Paulinens Mutter ein kühler, fast ablehnender Empfang zu Theil.

Je ungewohnter dies dem überall mit Freude aufgenommenen Fürstensohne sein mußte, um so mehr war er entschlossen, diesen Widerstand zu besiegen. Seine Sehnsucht steigerte sich an jedem mißglückten Versuche, Pauline zu sehen und zu sprechen, und bald loderte eine Leidenschaft für sie in seinem Herzen empor, der er sich überließ, ohne sich zu fragen, wohin sie ihn führen könne und solle.

Solche Frühlingstage der Liebe sind von zauberischer Süße. Wie man sich im Lenz des Lebens und des Jahres der Einwirkung überläßt, welche die träumerische Stille der brütenden Mittagssonne auf uns übt, wenn alle Blüthen, sich der Wärme erschließend, ihre süßesten Düfte ausströmen, wenn Käfer und Bienen, leise summend, sich voll Daseinswonne wiegen in dem goldenen Lichte, und der Schmetterling, langsam schwebend, sich in die frisch erblühte, strahlende Rose versenkt, so giebt man sich genießend jener Wärme hin, mit der das junge Liebesleben uns wonnig süß durchströmt. Wer beachtet die leichten, weißen Wölkchen, die vereinzelt, wie silberne Wellen, an der dunkelblauen, sonnendurchzubelten Himmelsdecke schweben? Wer fürchtet, daß sie am Abende, zusammengeballt zu einer gewitterschweren Wolkenmasse, Blitze niederschleudern könnten, uns zu zerschmettern? Die Natur selbst hat die Sorglosigkeit des Genießens in uns gelegt, denn diese ist Bedingniß unserer Existenz. Das Leben würde zur Qual, zur Hölle werden, wenn aus der Blüthe des Genusses uns schon der Hauch des Verwelkens anwehte, wenn der Genuß uns nicht ganz erfüllte, wenn das Gespenst der Vergänglichkeit stets drohend vor uns auftauchte in der Freude.

Trotz aller Vorsicht und List der Mutter sahen Pauline und der Prinz sich täglich, und diese Leidenschaft, welche bald für Niemand ein Geheimniß sein konnte, machte die Verzweiflung Henriettens aus.

Voll brennender Eifersucht flüchtete sie zu Rahel, so wenig sie sonst Verständniß und Neigung für diese empfand. Weiß genug, um zu wissen, daß Rahel den Prinzen liebe, war sie nicht groß genug, diese Liebe in ihrer Selbstverleugnung und Schönheit zu verstehn. Mit leidenschaftlicher Lebhaftigkeit schilderte sie alle Vorgänge jenes Abends bei Frau von Grotthuß, um Rahels Eifersucht zu erregen, und an ihr eine Verbündete gegen Pauline zu gewinnen. Rahel hörte ihr ruhig zu, keine Miene ihres Gesichtes veränderte sich, nur noch bleicher wurde sie als gewöhnlich, und in träumerischem Sinnen das Haupt hin und wieder wiegend, sprach sie, wie zu sich selbst: Und ich mußte es sein, die ihm jenen Brief Paulinens gab? grade ich?

Henriette fragte, von welchem Briefe sie spräche, was sie meine? Rahel wich der Antwort aus.

Ihr schneller Geist überflog alle gegenwärtigen Verhältnisse des Geliebten. Sie dachte seines gesunkenen Lebensmuthes, seiner geistigen Abspannung, welche ihm selbst die Willenskraft nahm, sich gegen Henriettens Untreue und das Unglück dieses ganzen häuslichen Verhältnisses zu vertheidigen, oder sich dagegen abzu=

stumpfen. Paulinens plötzliches Erscheinen dünkte sie eines jener Mittel, welche das Leben immer darbietet, wenn eine Krisis für den Menschen nothwendig und unvermeidlich geworden ist. Pauline hatte Rahels Theilnahme erregt, sie hielt sie einer Erhebung fähig, der Prinz selbst sah in ihr ein Wesen, dem er die helfende Hand reichen müsse, sollte nicht ein Ideal menschlicher Schönheit rettungslos in dem Abgrund sittlicher Verwilderung untergehen, der vor ihm gähnte. Wenn der Prinz sich ermannte, wenn er hier ein neues Lebensziel erblickte, sich selbst erhöbe, um ein geliebtes Weib zu retten! dachte Rahel, und eine traurige Stimme in ihrem Herzen fragte: und was dann?

Eine neue Gedankenreihe that sich vor ihr auf. Rahel fühlte zu bewußt, um sich die Qualen zu verbergen, welche, trotz aller eigenen Hoffnungslosigkeit, die Eifersucht auf Pauline ihr bereiten würde. Sie war eine zu gesunde Natur, um in Entsagung jene, von den Poeten mit Unrecht besungene, krankhafte Seligkeit des Schmerzes zu empfinden. Der Schmerz ist unser Feind, wir sollen ihn hassen und ihm als einem Feinde gewappnet gegenübertreten, ihn zu besiegen, wenn wir stark genug dazu sind. Genuß im Schmerze finden, ist Seelenkrankheit. Der Gesunde überwindet oder unterliegt ihm, wie er dem Tode unterliegt, aber so wenig er spielt mit seinem Weh, so freudig kann er den Kampf mit dem Schmerze über sich nehmen, wo es gilt, sich einem großen Zwecke still zum Opfer darzubringen. Rahels Liebe hatte diesen Muth.

Ob Henriette leiden, was sie selbst erdulden würde, das fragte sie sich nicht mehr. Louis sollte frei werden von den Qualen, welche sein Verhältniß zu Henriette ihm bereitete, und glücklich in Paulinens Erhebung und Besitz!

Tausend Plane dies Ziel zu erreichen, flogen durch ihre Seele. Das Dasein aller dieser Menschen entrollte sich vor ihrem inneren Auge wie ein Kunstwerk, sie selbst stand außer diesem Kreise, sie schien sich der Dichter, welcher eine schöne, eine befriedigende Lösung zu schaffen hat. In der Natur muß das Geringere dem Höheren dienen, es wird ihm aufgeopfert, sagte sie sich. Begehe ich ein Unrecht, wenn ich das Glück eines Louis Ferdinand's höher anschlage, als das Glück Henriettens? Wenn ich Menschen nur als Mittel zum Zwecke betrachte, wo es gilt eine Mannesseele zu retten, von der die nächste Zukunft Thaten zu fordern hat?

Nein! rief sie, in dem Egoismus ihrer Liebe für den Prinzen, nein! er soll nicht leiden! Es soll Alles gut und glücklich enden. Ich wollte eine schöne Entwickelung für dies Drama finden, wenn nur die Weiber etwas anders wären!

Man war an Rahel solche Ausrufe gewöhnt, und sie hatte es ungern, wenn man sie um ihre Bedeutung fragte. Dennoch that es Henriette.

Was denken Sie, Rahel?

O! ich dachte, ob man eine Dichtung befriedigend lösen könne, in der die eine Heldin schwach und die andere leichtsinnig ist.

Henriette verstand dies nicht. Sie sind recht theilnahmlos an meinem Schicksal, an dem Glück des Prinzen, sagte sie, für den Sie so viel Freundschaft zu hegen behaupten. Ich bitte Sie um Rath, ich verlange von Ihnen Antwort auf die Frage, was soll aus dieser Liebe für Pauline werden, und Sie denken an ein Trauerspiel! Sie kennen Louis. Rathen Sie mir Rahel, was soll ich thun?

Ertragen, was Sie doch nicht ändern können!

Und wenn diese Liebe ihn weit und weiter führte? Wenn er mich verließe um dieser Pauline willen? Was dann Rahel?

Rahel sah sie ruhig und fest an: Dann werden Sie entsagen müssen, wie die Gräfin entsagen mußte, als Louis sie verließ um Ihretwillen!

Und das sagen Sie mit dieser Kälte, mit dieser eisigen Unerbittlichkeit?

Ich sage es, weil ich Sie stark machen möchte gegen die Gewalt des Unvermeidlichen. Wir kennen Louis Beide.

Henriette fing zu weinen an. Was habe ich diesem Manne geopfert! rief sie aus, und ich sollte verlassen werden? ich sollte unglücklich werden? die Kinder ihres Vaters beraubt? Sie ging händeringend und klagend durch das Gemach.

Rahels Muth brach zusammen. Sie hatte nur Kraft gegen das eigene Weh, nicht gegen fremdes, aber dennoch fand sie keine Möglichkeit, Henrietten eine andere Zukunft vorauszusagen, dennoch konnte sie den Gedanken nicht aufgeben, der Prinz könne als Erlöser Paulinens sich selbst erlösen, wie man lehrend lernt.

Die Härte ihres Wesens, ihrer Ausdrücke bereuend, welche Henriette so furchtbar erschüttert hatte, versuchte sie beruhigend und mildernd auf sie zu wirken. Sie beschwor sie, das Leben eines solchen Mannes nicht durch Eifersucht zu trüben, die ihn nur weiter von ihr entferne, sie stellte ihr vor, daß man des Prinzen Handlungen nicht mit dem Maaßstab engherziger, begrenzter Liebe messen dürfe.

Weil Louis nur sich selbst als Richter seiner Handlungen erkennt, hat er Sie, Henriette, entführt, sind Sie die Seine geworden und haben Sie Jahre des Glückes genossen mit ihm. Dürfen Sie ihn verdammen, sagte sie, wenn das Schwert, mit dem er Ihre Bande durchschnitt, sich jetzt auch gegen Sie wendet? Sie gingen aus Liebe einen Pfad, der Sie weit ableitete von den Begriffen Ihres früheren Lebens, Sie machten sich frei von den Pflichten der bürgerlichen und christlichen Sitte, und wollen klagen, wenn auf dem freigewählten Pfade Dornen und Disteln Sie zerreißen? Wer seinen eigenen Weg geht, muß den Muth haben, alle Schrecken dieses Weges fest und mit bewußter Entsagung über sich zu nehmen. Tragen Sie Ihr Schicksal edel, um Ihrer Kinder willen!

Henriette hörte dies an, ohne es zu begreifen, weil Rahel

ihre Trost- und Beweggründe nach der eigenen, nicht nach Henriettens Seele maß. Aber es giebt Naturen, deren Gedankenkreis, deren Verständniß in sich beschränkt ist, auf die kein Beweis wirkt, der nicht aus ihrer eigenen Anschauungsweise geschöpft ist. Henriette gehörte zu ihnen. Ihre Einsicht über die Schranke des eigenen Wesens zu erweitern, war unmöglich, jeder Kampf gegen diese Seelenbeschränktheit, ein Pfeilewerfen gegen eine Mauer von Granit.

Ohne Trost verließ sie Rahel, und beide Frauen hegten ein Gefühl des Zornes gegen einander, weil Beide ein Schuldbewußtsein hatten. Henriette drückte das Gefühl ihrer Untreue gegen den Prinzen, Rahel der Gedanke an die Vermessenheit, welche darin liegt, das Schicksal in dem Leben anderer Menschen spielen zu wollen.

In heftiger Gemüthserregung ging sie auf und nieder in ihrem Gemache, unschlüssig, was sie thun solle, um dem Prinzen, bei dem auf Selbstbeherrschung nicht zu rechnen war, neue Leiden, neue Verwicklungen zu ersparen. Alle Hoffnungen konnten sich nur an Pauline anknüpfen, und diese bot keinen Grund, mit Zuversicht auf sie zu bauen.

Seufzend ließ sie sich endlich auf dem Sessel an ihrem Schreibtisch nieder, und versank mit den Worten: ach wenn ich mein Herz in ihre Brust versenken könnte! in tiefes Sinnen. Dann griff sie zur Feder, um Pauline durch ein paar Worte zu sich einzuladen.

Neuntes Kapitel.

Rahel hatte seit Jahren das Vertrauen des Prinzen so unbedingt besessen, daß es nicht lange währen konnte, bis er ihr von seiner Liebe zu Paulinen sprach. Sie hatte sich gefaßt gemacht, wie sonst die lebhafte Schilderung einer heißen Leidenschaft zu hören, wie der Prinz sie bald für diese, bald für jene Frau zu hegen behauptete, aber eine ganz andere Seite seiner Natur schien von dieser Liebe für Pauline angeregt zu sein.

Paulinens wunderbare Schönheit, schrieb er eines Tages an Rahel, hat mich fromm gemacht. Es ist ein Gefühl der Anbetung, was ich für sie empfinde; ihre Nähe macht mich weich und still, und meine ganze Seele jammert, daß dieses Götterbild durch die Liebe eines Wiesels, durch die Liebe unwürdiger Menschen entweiht ist. Wenn Pauline mir die Irrthümer ihres Lebens erzählt, wenn sie mit Tadel, mit einer Art schmerzensvoller Verachtung von sich spricht, so möchte ich hinknieen und ihr sagen: Sähest Du Dich mit meinen Augen, damit Du glauben lerntest an Dich! Und doch wage ich nicht, ihr zu sagen, daß und wie ich sie liebe. Es haben ihr so Viele von Liebe gesprochen, so Viele von Liebe geheuchelt, und Niemand hat sie je genug geliebt, um ihre Treue zu verdienen. Nicht ihre Schuld war es, daß sie von einer Leidenschaft in die andere stürzte, es war die Schuld der Männer, welche ihr nicht jene tiefe, starke, stützende Liebe entgegen trugen, die allein ihr genügen, die allein die Treue dieses Weibes erhalten kann. Meine ganze Seele dürstet nach ihrem Besitze, und doch vermag ich zu schweigen, doch vermag ich mich an ihrem Anschauen zu begnügen, und fühle ein Glück, wie ich es nie gekannt habe, in dem ich mich beherrsche um ihretwillen. Erst wenn ihr Glaube an die Unwandelbarkeit reiner Liebe in ihr fest steht, erst wenn sie fühlt, daß sie endlich das Wesen gefunden hat, von dem sie sich nicht trennen kann, ohne unterzugehen, erst dann verdiene ich sie, und bis dahin will ich ruhig um sie werben.

Voll Schmerz, und doch erfreut über diese Richtung des Prinzen, faltete Rahel das Blatt zusammen, und eilte zu Pauline, um es ihr zu zeigen.

Pauline las es und gab es erbleichend zurück. So tief vermag er sich zu täuschen! rief sie. Sieh! fuhr sie nach einer Weile fort, wenn er den Andern gliche, wenn er Nichts in mir sähe, als was ich bin, ein schönes, eitles Weib, dann würde ich ihn lieben können, und wir würden eine Weile glücklich sein, um einander zu verlassen und zu vergessen, wie Alle lieben und vergessen in dieser Welt. Aber jetzt!

Jetzt Pauline?

Jetzt will ich das Einzige thun, was ich vermag, ich will ihn nicht belügen. Ich kann nicht jene Liebe empfinden, die er sich träumt, ich habe zu viel erfahren in mir selbst, ich glaube und liebe nicht wieder. Sage ihm Das und sage ihm, daß Ihr Alle mich nicht kennt. Er soll mich meiden, denn er ist so schön, daß ich ihn täuschen könnte, und ist so gut, so jung in seinem Herzen, daß ich es nicht möchte. Ihr kennt mich nicht!

Am wenigsten aber kannte Pauline sich selbst. Sie wußte nicht, wie sehr sie den Prinzen bereits lieben mußte, um diese Anschauung ihres Wesens gegen sich selbst geltend zu machen.

Sie wollte den Prinzen fliehen, und suchte doch jede Gelegenheit, ihn zu sehen. Bald ihn anziehend aus gewohnter Koketterie, bald ihm kälter begegnend, als ihr Herz empfand, litten der Prinz und sie, gleichmäßig unter dem Drucke eines Verhältnisses, das für Beide ein ganz ungewohntes, und darum, trotz aller Schmerzen, ein reizendes war.

So verging das Ende des Jahres, und das Neujahr kam heran. Am zehnten Januar sollte die Prinzessin Marianne ihren Einzug in Berlin halten.

Pauline hatte den Prinzen in jenen Tagen weniger gesehen, da er am Hofe mannigfach in Anspruch genommen wurde, und ihr letztes Begegnen war kein erfreuliches gewesen. Wiesel hatte sie unablässig überwacht und störend zwischen ihnen gestanden. So sehr er an Paulinens Untreue gewöhnt, so gleichgültig sein Herz dabei war, gewann sie immer als Besitz einen neuen Werth für ihn, sobald ein Anderer ihm denselben streitig machte.

Oft hatte er in freundlichen Stunden scherzend zu ihr gesagt, er gehöre zu den Menschen, die nach einer bewegten Jugend ein ruhiges Alter ersehnen. Deshalb wolle er ihr volle Freiheit gönnen, alle Erfahrungen des Herzens zu erschöpfen, gewiß, daß sie dann einst um so sicherer in seine Arme, in die Arme eines geprüften, lebenskundigen Mannes rückkehren, und mit ihm in den Hafen der Lebensruhe einlaufen werde.

Dennoch trat er der Liebe des Prinzen entschieden entgegen, sei es, weil er hier ein tieferes Verhältniß ahnte, oder weil andere Rücksichten ihn dazu bewogen. Aber den gekränkten Gatten zu spielen neben einer Frau, deren Untreue er, gegen sie selbst, stets als eine Berechtigung ihres freien Willens anerkannt hatte, war er zu klug, wie er zu sehr Weltmann war, sich als Eifersüchtiger dem Spotte bloß zu stellen. Unter dem Scheine ruhiger Gleich=
gültigkeit that er, was in seinen Kräften stand, Pauline gegen den Prinzen einzunehmen. Keine von den früheren Leidenschaften

desselben, keine seiner unschönen Ausschweifungen enthielt er ihr vor, und mit der Wendung, er wolle sie auch in diesem Falle klar sehen machen, schilderte er ihr die Lage aller der Frauen, welche der Prinz geliebt und wieder verlassen hatte.

Unmerklich wirkte dies auf Paulinens Verhalten ein. Verstimmt hatten der Prinz und Pauline sich an einem Abende im Hause der Frau von Krayen getrennt. Beide litten, Beide schwiegen, Beide sehnten sich nach Verständigung, und Keiner vermochte sich zu überwinden, um sie herbeizuführen.

Von Stunde zu Stunde wartete Pauline auf die Ankunft des Prinzen; immer wieder war sie im Laufe der letzten Tage an das Fenster geeilt, zu sehen, ob er noch nicht käme, ob er nicht vorüberreite, ob sein Wagen nicht nach dem Schlosse fahre? Sie hatte ihn nicht erblickt. Vetter und Wiesel erzählten ihr von den Feierlichkeiten am Hofe, von der Ankunft verschiedener Prinzessinnen aus den kleinen deutschen Staaten, welche der Vermählungsfeier beiwohnen sollten, von den Damen des Adels, die jenes Fest nach der Residenz geführt habe. Man schilderte ihr den Prinzen so vielfach in Anspruch genommen, so tausendfältig abgezogen, daß sie sich nicht verwundern durfte, wenn er in dieser Zeit wenig Muße für sie hatte.

Sei kein Kind Pauline, sagte ihr Wiesel, und spiele die Beleidigte. Frage Henriette Fromm, ob nicht sie selbst in den Hintergrund treten muß in solcher Zeit. Wer kann es wissen, welche Fürstentochter den Leichtbeweglichen jetzt fesselt?

Pauline versicherte dies in der Ordnung zu finden, aber eine Eifersucht, wie sie sie nie gekannt, verrieth ihr die Gewalt der Liebe, die sie für den Prinzen hegte. In quälender Unruhe verging ihr die Nacht. Am Morgen sollte der Einzug der Prinzessin vor sich gehen. Dann war der Prinz durch das Ceremoniel der Feierlichkeiten für diesen ganzen Tag gefesselt. Noch vierundzwanzig Stunden diese gleiche Pein zu tragen, davor schreckte Pauline zurück.

Früh in winterlichem Dunkel verließ sie ihr Lager, ihm zu schreiben. Es war der erste Brief an ihn. Was sollte sie ihm sagen? Sie fand das Wort nicht.

Ich liebe Dich und ich vergehe, wenn ich Dich nicht heute noch spreche, diese Worte waren es, welche sie auf das Blatt warf. Aber konnte sie das sagen, ohne in seinen Augen durch dieses rückhaltlose Geständniß zu verlieren, da er ihr niemals von seiner Liebe gesprochen hatte?

Sie schrieb ein anderes und noch ein drittes Billet, es war immer derselbe Aufschrei der geängsteten Liebe. Endlich sendete sie das erste Blatt ab; aber schon nach wenig Augenblicken brachte ihr Bote es zurück, denn der Prinz war bereits nach Schöneberg zum Empfange der Prinzessin aufgebrochen.

Ein klarer sonniger Wintertag lag über den Straßen Berlins; funkelnd hoben die Bäume der Lindenallee, die vom Opernplatz nach dem Brandenburger Thore führt, ihre Aeste gegen den hellblauen Himmel empor. Der festgefrorne Schnee knisterte unter den Füßen der Tausende von Menschen, welche die Straßen erfüllten. Alle Fenster der Stadttheile, durch die der Zug kommen mußte, waren von Menschen besetzt. Vom hallischen Thore abwärts, die Wilhelmsstraße entlang, die Linden hinab bis zum Schlosse, wehten Fahnen von den, mit allegorischen Bildern gezierten Ehrenbogen, welche von den verschiedenen Zünften und Gewerken zu Ehren des jungen Paares errichtet worden waren; und trotz des tiefen Winters hatte man überall so viel Tannengrün anzubringen gewußt, daß mitten auf dem Schnee ein künstlicher Sommer dem Auge entgegenlachte.

Im Hause der Geheimräthin Cäsar, das auf der rechten Seite der Linden die Ecke der kleinen Lindengasse bildete, hatte sich in den Zimmern des von ihr bewohnten ersten Stockes eine zahlreiche Gesellschaft zusammengefunden, die zum Ansehen der Feierlichkeit geladen worden war. Pauline, in ein Kleid von dunkelrothem Caschemir gekleidet, stand klopfenden Herzens an einem der Fenster, und erwartete in größter Spannung die Ankunft des Zuges, in dessen Mitte sie den Geliebten zu sehen hoffte.

Taub für die Unterhaltung der sie Umgebenden, achtlos gegen die Aufmerksamkeit der Vorübergehenden, welche immer wieder nach dem Fenster hinaufblickten, wenn sie Pauline dort einmal wahrgenommen hatten, schien sie nur Ein Interesse zu haben, das Beginnen des Glockengeläutes und der Kanonenschüsse, welche die Ankunft der Prinzessin in dem Weichbilde der Stadt verkünden sollten.

Endlich dröhnte der Kanonendonner durch die Luft, alle Glocken der Stadt erklangen, nur noch kurze Zeit konnte es währen, nur noch Minuten konnten vergehen, bis der Zug die Wilhelmsstraße herabgekommen war, und in die Linden einbog.

Aber die Sehnsucht harrender Liebe wächst zu ertödtender Stärke grade in diesen letzten Minuten, sie wird größer, ungestümer, überwältigender, je kleiner der Zeitraum wird, der sie von der Erfüllung ihrer Wünsche trennt.

Warum Pauline zitterte? was sie fürchtete? weshalb es ihr so unerläßlich schien, grade jetzt den Prinzen zu sehen, grade heute noch ihm zu sagen, daß sie ihn liebe? Sie wußte es nicht. Und doch war ihr, als müßte ein Unglück geschehen, wenn sie daran gehindert würde, als sei es nicht ihre Wahl, sondern eine Nothwendigkeit, der sie zu gehorchen habe.

Plötzlich wendeten sich alle Blicke dem Brandenburger Thore zu, Gensd'armes sprengten die Straße entlang nach dem Schlosse, die Soldaten, welche im Spalier aufgestellt und durch das stundenlange Warten ermüdet waren, machten Richt, die Offiziere gingen musternd die Reihen entlang, das Volk ward von Polizeibeamten auf die Seiten zurückgedrängt, und geführt von dem Polizei-Präsidenten und seinen Beamten, eröffnete die Zunft der Schlächter, welche seit den Zeiten des großen Kurfürsten in Berlin dieses Privilegiums genießt, den feierlichen Zug.

Die Kaufmannschaft, die andern Zünfte folgten; dann begann der Zug der Hofbeamten. Nach ihnen mußte die Prinzessin kommen.

Ihr Bräutigam, Prinz Wilhelm, sollte sie im königlichen Schlosse am Fuße der Wendeltrepre empfangen, welche Friedrich der Große zu seiner Bequemlichkeit erbauen lassen, um zu Pferde in seine Zimmer zu gelangen. Der König, seine Gemahlin und die Königin Mutter erwarteten sie in den großen Gemächern. Die andern Prinzen des Hauses begleiteten ihren Wagen, zur Rechten der Onkel des Königs Prinz Ferdinand und des Königs Bruder, Prinz Heinrich; zur Linken die Prinzen Louis Ferdinand und August.

Wo der offene Wagen vorüberzog, in welchem die schöne Prinzessin Marianne sich befand, wurden alle Fenster geöffnet, lauter, freudiger Zuruf scholl ihr entgegen; ein Freudenwillkomm, den die seltenen Eigenschaften dieser fürstlichen Frau in späterer Zeit vollkommen rechtfertigen sollten.

Pauline war unter den Ersten, welche die Fensterflügel zurückschlug. Weit !hinausgebogen über die Brüstung, die Kälte nicht achtend, die ihre entblößten Schultern eisig berührte, spähte sie nach dem Geliebten, dessen Auge sie bereits gesucht und gefunden hatte. Je näher er kam, je fester sich sein Blick auf sie heftete, je lauter rief es in ihr: ich muß ihn sprechen, jetzt, in diesem Augenblick, sogleich!

Sie wußte nicht was sie that, aber weit sich vorneigend, mit der Hand ihm winkend, gab sie ihm in dem Augenblicke, als der Zug vor ihrem Hause hielt, ein Zeichen, das er nicht mißverstehen konnte.

Sein Gesicht glühte auf in heller Freude. Die Feierlichkeit, die Prinzessin, das Menschengewühl, jede Rücksicht verschwanden vor ihm; er sah, er empfand Nichts als Pauline, und das Glück, von ihr geliebt zu werden.

Mit raschem Zügeldruck hielt er sein Pferd an, riß es durch das Gefolge hinter dem Wagen der Prinzessin auf die rechte Seite herüber, schwang sich aus dem Sattel, das Pferd dem Nächststehenden überlassend, sprang die Treppe vor dem Hause der Geheimräthin empor, sich Bahn machend durch die Menschen, welche auf derselben in engen Haufen zusammengedrängt waren, und Pauline lag an seinem Herzen.

Pauline! Louis! — das waren die einzigen Worte, welche ihren Lippen entflohen. Fest und gewaltig preßte er sie an sich, fest, als könne sie ihn nicht wieder lassen, hielt sie ihn umschlungen, als er sich losriß, um auf seinen Posten zurückzukehren.

Ich sehe Dich noch — heute Abend — ich komme zu Dir! rief er ihr zu und war verschwunden.

Das ganze Begebniß war das Werk weniger Augenblicke gewesen. Fast Niemand auf der Straße hatte das Zurückbleiben des Prinzen bemerkt, das man einem äußeren Vorfalle, einem Scheuwerden des Pferdes, zuschrieb. Noch weniger war, in der allgemeinen Theilnahme an dem Zuge, Paulinens Verschwinden aus dem Zimmer beachtet worden.

Als die Feierlichkeit beendet war, die Volksmasse sich zertheilte, die Gäste der Geheimräthin Cäsar sich um die Tische zum Frühstück niederließen, und Pauline in halber Zerstreuung Vetters Arm nahm, der sie zur Tafel führen sollte, sagte ihre Mutter: Mein Gott! Pauline, was hast Du denn? Dein Kleid ist ja wie bestäubt, auch Dein Gesicht und Dein Haar sind voll von Staub?

Pauline erröthete und wandte sich nach dem Spiegel, aber Vetter bemerkte leise: Francois muß heute in der Eile den Prinzen schlecht gepudert haben.

Zehntes Kapitel.

Eine Reihe von Festen folgte dieser Vermählungsfeier. Berlin war glänzender als seit Jahren, man schien die drohende Gefahr, den Lärm des Krieges, die blutigen Jahre der Revolution und des darauf folgenden Kampfes vergessen zu haben. Das Theater hatte seine schönste Höhe erreicht. Schillers und Göthes Dichtungen beherrschten die Bühne, und trotz der politischen Windstille, in deren Ruhe man sich am Hofe ergötzte, streuten Schillers freiheitsathmende Dramen, Fichtes männliche Vorträge eine Saat im Volke aus, welche langsam wachsend, nach Jahren reiche Früchte tragen sollte.

Obschon Rahel mit ungetheilter Verehrung Göthe anhing und ihn hoch über Schiller stellte, bemerkte sie dennoch mit Freude den Eindruck, welchen die Werke des Letztern auf den Prinzen ausübten. Wallensteins Tod, die Braut von Messina, der Fiesko, waren im Laufe des Januar und Februar über die Bühne gegangen, und Mattausch, Iffland, die Unzelmann, hatten sich Lorbeeren errungen, indem sie die Gestalten des Dichters in höchster Vollendung ins Leben gerufen.

Es war nach der ersten Aufführung von Wallensteins Tod, als der Prinz Mittags zu Rahel kam, und mit lebhafter Theilnahme der Aufführung, mit tiefer Rührung der Liebe gedachte, wie sie in Max und Thekla dargestellt wird.

Es ist wunderbar Rahel, sagte er, daß man so jung bleiben kann, trotz der wachsenden Anzahl von Jahren. Glauben Sie wohl, daß ich gestern im Theater, in der Loge neben meiner Mutter, diese nicht anzusehen wagte, weil ich fühlte, daß Max und Thekla mich erschütterten, als wäre ich ein Jüngling, der die ersten Regungen des Herzens sich selbst nicht zu gestehen wagt. Ich schämte mich dieser innern Jugend und doch machte sie mich glücklich.

Das soll sie auch, lieber Prinz! Denn wer jung ist, hat eine Zukunft, und jung bleiben, setzt Lebenskraft voraus.

Aber wenig Verstand. — Rahel! Alle meine Erfahrungen alle meine Enttäuschungen stehen vor mir; Sie wissen, welche Geständnisse Pauline mir gemacht hat, und doch liebe ich sie, doch habe ich noch nie gewünscht, sie wäre eine Andere, sie hätte ihre Vergangenheit nicht gelebt. Ja! wäre sie keusch und rein, wie Schillers Thekla, ich liebte sie gewiß weniger als jetzt.

Darin scheint mir kein Widerspruch zu liegen, meinte Rahel, Sie empfinden, wie Gott, mehr Freude über einen Sünder, der Buße thut, als über zehn Gerechte, und wollen, wie der barmherzige Samariter, sich der Sünderin erbarmen.

Nein! das ist es doch nicht ganz, entgegnete er. Es liegt ein Glück in der weichen Demuth, in dem Zauber des Hingebens auf Gnade und Ungnade, in dem Dank für unseren Glauben an sie, welchen Frauen, wie Pauline, vor jenen Weibern voraus haben, deren untadliges Bewußtsein unsere Liebe als natürliches Ergebniß ihrer Tugend, unseren Glauben als Pflicht hinnimmt. Diese tugendhaften Frauen sind stolz und niemals dankbar für Liebe. Sie sehen ewig auf den Mann herab, wie der Gläubiger auf seinen Schuldner, und was man auch für sie empfindet, man kommt nie auf den Punkt, bei ihnen Etwas zu gut zu haben, wofür sie Erkenntlichkeit und Dank zu fühlen hätten.

Sie bürden den Frauen auf, was die Männer reichlich mit ihnen theilen, Hochmuth und Unduldsamkeit.

Die Frauen besitzen sie in höherem Grade.

Ja! das gebe ich zu, Prinz! weil die Frauen noch weniger als die Männer jeden Menschen als Spezialität betrachten, an die man nur ihren eigenen Maaßstab legen darf. Sie messen mit der Elle, welche ihre Mutter oder ihr Pastor ihnen als die richtige bezeichnet haben, und verwerfen als übermäßig oder nicht vollzählig, was damit nicht stimmt.

Der Prinz räumte dies ein, dann sagte er: Ich bin eigentlich zu Ihnen gekommen, Rahel, um von Ihnen die Gewährung einer Bitte zu verlangen. Die Geheimräthin, Wiesel und selbst Vetter hängen sich wie Fesseln an Pauline und mich, unsere Schritte von einander haltend. Nehmen Sie unsere Liebe unter Ihren Schutz, ich muß Pauline öfter, ungestörter sehen, und Sie allein können mir dies Glück bereiten.

Noch ehe Rahel antworten konnte, trat Pauline ein. Der Prinz ging ihr entgegen, und ihre Hand ergreifend, rief er: Wie habe ich mich nach Ihnen gesehnt, Pauline! — Aber was haben Sie da! fragte er, ein kleines Billet bemerkend, das aus dem Rande ihres Kleides hervor sah. Das ist die Handschrift des Grafen Tilly.

Und wenn sie es wäre? was fällt Ihnen daran auf? Tilly schreibt mir oft.

Das hast Du mir nie gesagt, Pauline, sagte der Prinz lebhaft; warum hast Du es mir verheimlicht?

Pauline antwortete neckend, der Prinz ward besorgt und dringend, da sie es entschieden und zuletzt mit Heftigkeit verweigerte, ihm das Blatt zu zeigen. Er bat, er beschwor sie, er zeigte die ganze Fülle seiner Liebe, die ganze Angst seiner Eifersucht. Pauline abwechselnd empfindlich und scherzend, lachend und zuletzt weinend vor Ungeduld, blieb allem Flehen des Prinzen, allen

Vorstellungen Rahels unzugänglich, so daß Beide endlich der Ueberzeugung waren, jenes Blatt berge ein Geheimniß, dessen Enthüllung Pauline fürchte.

In heftiger Aufregung schloß der Prinz sie in seine Arme. Du weißt es, Pauline! wie ich Dich liebe, rief er, Du weißt, daß ich leide, wenn ich an Dir zweifeln muß. Ich will Dir Alles verzeihen, Alles! Denn ich liebe Dich ja, nur reiße mich aus dieser Angst, gieb mir das Blatt.

Er griff danach, aber Pauline kam ihm zuvor. Ehe er es hindern konnte, hatte sie es aus dem Kleide gezogen, zerrissen, in den Mund gesteckt und hinuntergeschlungen.

Lieber sterben! rief sie, als mich zwingen lassen durch Gewalt.

Der Prinz schauderte. Erschreckend sowohl vor der unschönen That, als vor Paulinens Heftigkeit, sagte er: war es Gewalt, daß ich Dich bat, mich nicht leiden zu lassen? So handelt nur die schwerste Schuld. Sei ruhig! ich frage Dich nichts mehr.

Voll Schmerz verließ er das Zimmer. Pauline brach in einen Strom von Thränen aus. Rahel litt für Beide und für sich.

Unglückselige! sagte sie, also liebst Du ihn nicht? Also täuschest Du auch ihn?

Wie darfst Du das sagen, Rahel?

Du hast ein Geheimniß, das Du vor ihm verbirgst Pauline; ein Geheimniß, welches jenes Blatt verrathen hätte.

Weißt Du was jenes Billet des Grafen enthielt? fragte Pauline. Nichts als die Nachricht, daß die Grotthuß mich bitten lasse, sie zum Thee zu besuchen. Tilly sollte es mir mündlich sagen und schrieb es auf, da er mich nicht zu Hause fand.

Rahel sah sie ungläubig an. Und aus Neckerei, aus Laune vermagst Du ihn zu quälen?

Pauline erglühte. Neckerei, Laune nennst Du es, wenn ich mein Recht vertrete, wenn ich fordere, daß er mir glauben soll? Gestand ich ihm deshalb die Zerwürfnisse meines Innern, damit er an mir zweifle? Ist das die Liebe, welche er mir versprochen hat, die glaubensvolle Liebe, in der mein Herz genesen soll? — Er ist wie Alle und ich hasse ihn! rief sie, sich weinend auf das Sopha werfend.

Aber Paulinens heftiger Schmerz war eben so schnell vorüber, als er plötzlich gekommen war. Sie sprang vom Sopha empor, schlug lachend die Hände zusammen, wie es ihre Art war und rief: Im Grunde bleibt es doch ein prächtiges Taschenspielerstück, wie ich das Papier fort eskamotirte. Schade nur, daß es mir den Hals ganz wund gemacht hat. Ich bin krank davon!

Vergebens bat Rahel, Pauline solle dem Prinzen schreiben, ihn um Verzeihung bitten; sie war nicht dazu zu bewegen. Dadurch wurde Rahel selbst wieder irre an ihr.

Als Pauline sich entfernt hatte, ließ Rahel den Grafen Tilly zu sich bitten, um die Wahrheit zu erfahren, und wo möglich den Prinzen zu beruhigen. Tilly bestätigte den unschuldigen Inhalt des Blattes. Voll Mitleid für den Prinzen übernahm es Rahel, Pauline schriftlich mit der Eigenthümlichkeit ihrer Natur zu entschuldigen, aber der Prinz war zu tief verletzt. Rahels Worte fanden keinen Glauben, weil er es nicht für möglich hielt, daß man einen Menschen, den man liebe, aus eigensinniger Laune, aus Koketterie leiden lassen könne.

Elftes Kapitel.

Um Herr zu werden über seinen Schmerz, und der inneren Unruhe ein äußeres Gegengewicht zu geben, eilte der Prinz nach der Mittagstafel in das Freie. Schnellen Schrittes ging er von seiner Wohnung die Friedrichsstraße entlang, dem Oranienburger Thore zu.

Es war einer der letzten Tage des Februar. Die Sonne drang schon erwärmend in die Straßen ein, und vergoldete im Untergehen die obern Stockwerke der Häuser, deren Fenster man geöffnet hatte, dem neuen Frühlingshauche den Einzug zu gestatten. Mädchen standen an den Fenstern die Blumentöpfe ordnend, Kinder spielten auf den halbfeuchten Steinen des Trottoirs. In den Werkstätten klapperte das rührige Handwerk, Wäscherinnen waren an den Flößen auf der Spree beschäftigt, und in der Kaserne, an der rechten Seite der Friedrichsstraße, haspelten und kämmten die schlecht besoldeten Soldaten Wolle, um die Mittel zu ihrem Lebensunterhalte durch diesen Erwerb zu erhöhen. Einige, deren dunkle Gesichter die Ausländer verriethen, lagen müßig in den Fenstern und blickten in das Freie hinaus nach dem Thore, welches ihnen verschlossen war; denn nur nach zweijährigem untadelhaftem Betragen erhielten die Ausländer, aus denen das

Heer zum großen Theile bestand, die Erlaubniß, alle Monat zweimal, unter Vorzeigung eines Passes, die Stadt auf zwei Stunden am Sonntagsnachmittage zu verlassen.

Tausendmal hatte der Prinz alle diese Bilder vor Augen gehabt und sie mit Gleichgültigkeit betrachtet, oder sie ganz übersehen; heute rührten und beängstigten sie ihn, weil er sich selbst niedergedrückt fühlte, denn der eigene Schmerz macht edle Naturen empfänglich für fremdes Leid, wie er unedle dagegen abstumpft.

Plötzlich stand dem Prinzen jene Scheidenacht des Jahrhunderts vor der Seele, in der er hier in derselben Kaserne die Leiche des jungen Weibes gesehen hatte. Die Gestalten Kuglers und Heldrichs, sein letztes Zusammentreffen mit diesem auf dem Vorwerk bei Schricke, waren ihm mit unheimlicher Klarheit gegenwärtig. Henriette, die Kinder, Mathilde Scheinert, verschlangen sich zu einer ihn beängstigenden Gruppe. Gegen diese Alle hatte er Pflichten, sie hatten Ansprüche an ihn. Ansprüche an ihn hatten auch die Armen, welche hier im Schweiße des Angesichts ihr Brod suchten in den Straßen des Landes, das ihn als einen seiner Fürsten mit reichem Uebermaaß ernährte. Ansprüche an ihn hatten auch jene unglücklichen gefangenen Soldaten in der Kaserne dort, welche ein elendes Dasein fristeten für kargen Sold, um dies Dasein hinzugeben, sobald es gefordert ward, den Thron seiner Väter, die Freiheit eines Landes zu vertheidigen, in dem ihnen selbst nur Knechtschaft bereitet ward.

Wo ist Gerechtigkeit, wo Freiheit auf Erden? fragte er sich. Wo ist das Glück, zu dem wir geboren sein müssen, da Jeder es als Nothwendigkeit fordert, und mit jenem Natur-Instinkte erstrebt, der uns zu athmen zwingt? Ist es die Schuld des Menschen, welche das Glück unmöglich macht? Aber was ist Schuld? Wo liegen die ersten Fäden der Verwicklung, welche uns vom freien Wollen des Guten in die nächtigen Abgründe trauriger Verwirrung hinabziehen?

Reine Freude an Henriettens kindlicher Unschuld hatte ihn an sie gefesselt; reines Erbarmen ihn zum Vertheidiger des unglücklichen Kugler, gerechter Zorn zum Ankläger Heldrichs gemacht. Welche Verwirrungen waren aus diesen Ereignissen für ihn entsprungen, in welche Schlingen hatte ihr Zusammenwirken mit seinem frühern Leben ihn verstrickt! Jetzt trat Pauline in den Kreis seines Daseins, neue Bande schlangen sich um seine Seele, sie konnten ihn zu neuen Schmerzen, zu neuen Verwicklungen führen, und doch fühlte er nicht den Muth sie zu zerreißen, nicht die Kraft das Band zu lösen, von dem allein er jetzt Glück und Freude, Erhebung und Lebenslust erwartete, weil er dies Alles Pauline zu bereiten hoffte.

In tiefes Sinnen versenkt, ging er, ohne des Weges zu achten, vor das Thor hinaus, bis eine Menschengruppe vor einer der zahlreichen Schenken, die sich dort an der Oranienburger Chaussee befanden, sein Auge fesselte. Es waren Rekruten, welche an die Regimenter abgeliefert werden sollten, Leute von den verschiedensten Nationen, zum Theil mit Physiognomien, die von Leidenschaften auf das Furchtbarste verwüstet schienen. Auch war es oft genug die Hefe der Menschheit, welche durch die Werbungen im Auslande den preußischen Regimentern einverleibt wurde, da man nur die körperliche Kraft und Größe der Leute in Betracht zu ziehen pflegte.

Manche der Neuangeworbenen, welche man durch List zum Annehmen des Handgeldes bewogen hatte, sahen traurig und düster vor sich hin. Andere sangen Schelmenlieder, und neckten mit dreisten Angriffen und noch frecheren Worten die Schenkmädchen, welche den Angeworbenen den Trunk herausbrachten. Seitwärts saß ein junger, hochgewachsener Bursche, den Rücken gegen die Straße gewendet, das Gesicht in die Hände gestützt, Speise und Trank von sich weisend, die ein Kamerad ihm bot. Er schien sich fern zu halten von den Uebrigen, und den Besseren eben so viel

Theilnahme einzuflößen, als er Spott von den Roheren erdulden mußte.

Dieser Halt vor dem Thore war eine Gnade der Unteroffiziere, welche den Rekruten hier vor ihrer Einkerkerung in die Haft der Kasernen den letzten Trank im Freien vergönnten, die Henkersmahlzeit der Sklaverei, zu der sich die Soldaten mit dem Handgeld auf zehn Jahre und einen Tag verpflichtet hatten.

Die Unteroffiziere, von denen sie eskortirt wurden, standen mit geladenen Pistolen daneben, um Jedem die Flucht unmöglich zu machen, und hatten zur Vorsicht noch große Hunde bei sich, welche eigens auf Menschen dressirt, diese Rekruten zusammenhalten mußten, wie der Schäferhund die Heerde.

Einer der verwegen aussehendsten Burschen war einige Schritte aus dem Kreise getreten, und nahm die Magd, welche ihm zunächst stand, in den Arm: Schatz! sagte er, merk Dir mein Gesicht! wenn nicht Donner und Blitz die verfluchte Kaserne und mich in ihr zerschlagen, so bin ich wieder da, ehe es grün wird, und dann sollst Du von mir hören, denn Dein Apfelgesicht gefällt mir, daß ich einbeißen möcht!

Du Narr! lachte die Magd, sich von ihm losmachend, Du und wiederkommen, wenn's grün wird! Wie willst Du Das wohl anstellen; Du kommst nicht vor's Thor!

Nicht vor's Thor? Das ist wahr. Das haben sie auch in Oesterreich gesagt, und in Baiern gesagt. Vor's Thor komm' ich nicht, aber in die weite Welt schon gewiß. Das Geld hab ich im Sack; damit reiß ich aus und bin hier, eh' Du Dich's versiehst!

Das Mädchen sah ihn an, dann den Unteroffizier. Sie schien ihn angeben zu wollen. Der Rekrut aber nahm sie an die Hand, drückte ihr ein Geldstück hinein und sagte, sie seitwärts fortziehend: Schweig dummes Mädel! was hast Du vom Schwatzen! Dein Schade ist's nicht, wenn ich wiederkomm! —

Aber kaum hatte er mit dem Mädchen die Paar Schritte aus

dem Kreise gethan, so sprang schon einer der Hunde an ihm empor, ihn trotz seiner wüthenden Gegenwehr mit sich fortzerrend nach dem Centrum. Der Unteroffizier fluchte ein Schock Donnerwetter ihm entgegen, zog ihm mit seinem Stocke mehrere Hiebe über den Rücken, kommandirte: Vorwärts Marsch! und der ganze Trupp marschirte dem Stadtthore zu.

Verflucht sei dies preußische Soldatenwesen und das ganze Nest! schrie ingrimmig der blutende Mensch, erhielt noch ein paar Hiebe und hinkte mühsam den Uebrigen nach.

Der Prinz schauderte widerwillig und empört. Das waren die Bestandtheile des preußischen Heeres, das zu befehligen er für eine Ehre hielt. Und gleichsam seinen Gedanken begegnend sagte Jemand neben ihm zu einem Dritten: Dabei sind diese Kerle Juwele im Vergleich zu den geckenhaften Offizieren und den alten Generalen. Heldrich erzählte mir, daß der Chef seines Regiments sich auf dem Pferde des Reitknechtes immer eine Fußbank nachbringen lasse, weil er zu dick geworden ist, ohne diese auf- und abzusteigen. Und solche Exemplare finden Sie in jedem Bataillon.

Die Stimme kannte der Prinz. Er wendete sich um, es war Wiesel, welcher mit dem jungen Wegmann sprach. Sie hatten, ebenfalls von dem schönen Wetter gelockt, einen Spaziergang gemacht, und waren von der Scene vor der Schenke zum Verweilen bewogen worden.

Der Prinz hatte nach jenem Besuche in der Fabrik, Wegmann öfter gesehen, und sprach sich, unbehindert durch seine Gegenwart, rückhaltlos und bitter gegen dies preußische Werbesystem aus.

Ja! sagte Wegmann, es ist eine Schmach, und wir werden die Früchte davon erndten. Daß wir es noch wagen in unserer Zeit, Menschen zur Sklaverei zu erniedrigen, sie trunken zu machen, und trunkenen Muthes sie um ihr unverkäuflich Erbe, um das Recht des freien Willens zu betrügen, das wird sich furchtbar rächen. Der erste Kampf mit Frankreich wird's uns lehren.

Wiesel lachte. Seht den Phantasten! Das unverkäufliche Erbe des freien Willens! Sie sehen ja, daß die Kerle dies Erbe für einige Friedrichsd'ore verkaufen und froh sind, auf zehn Jahre sich dieses unveräußerlichen Rechtes entäußert zu haben. Der Mensch, wie unser Jahrhundert ihn uns darstellt, diese Bauern, Taglöhner, Arbeiter und Vagabunden sind so wenig eigener Leitung, als erhabener Gedanken fähig. Es sind Maschinen, welche, je maschinenmäßiger um so besser, ihre Pflicht thun, sobald der Werkmeister das Rad gestellt hat. Der Kampf der Fürsten ist, wie die Konkurrenz der Fabrikanten, ein Wettstreit um die Oberherrschaft zu eigenem Gewinn, nur gewaltiger, weil er blutiger und zerstörender ist. Es ist wahr, die Soldaten sind elendes Gesindel. Aber kommt es darauf an, ob Diebe oder Ehrliche, ob Schurken oder Heilige die Masse ausmachen, welche man vor die Kanonen stellt? Die Kugeln treffen die Einen wie die Andern, und wer zuletzt die meisten Augen behält, hat die Parthie gewonnen?

Nein Wiesel! bei Gott, so ist es nicht! rief der Prinz mit Lebhaftigkeit. Diese Ausländer und die Anzahl schlechter Gesellen, die unter den Truppen sein mögen, sind nicht das preußische Heer. Das Heer besteht aus Landeskindern, und diese lieben ihr Land, diese sind treu und werden selbstbewußt das Recht ihrer Nationalität zu erhalten wissen, wenn man sie ihnen rauben wollte.

Hoheit! wendete Wegmann ein, es ist nur zu beklagen, daß die Fürsten auf den Thronen an dieses Recht nicht glauben.

Wie meinen Sie das?

Haben Ihre Ahnen an das Recht der Nationalität geglaubt, als sie Polen theilen halfen, und dieses rein slavische Volk in Deutsche verwandeln wollten? Hat der große Friedrich die Nationalität der Oestreicher geachtet, als er die Schlesier zu Preußen machte, welche noch heute „unser Kaiser" sagen, wenn sie von dem Kaiser Franz sprechen? Und jetzt! Wer hat an die Nationalität der deutschen Stämme gedacht, die man in dem letzten Jahre der preußischen Herrschaft unterwarf?

So wollen Sie behaupten, die Völker hätten kein Gefühl für ihre Nationalität?

Im Gegentheil! aber ich behaupte, daß die Fürsten es in ihnen aus persönlichem Interesse untergraben, und nur auf dies Gefühl Rücksicht nehmen, wenn es die Erhaltung nicht der Nationalität, sondern der Throne gilt.

Und glauben Sie, daß das preußische Volk sich den Franzosen ruhig unterwerfen würde? fragte der Prinz in gereiztem Tone.

Wegmann ließ sich davon nicht irren; ich fürchte der Widerstand wird schwach und von kurzer Dauer sein, denn —

Sie thun dem Volke, dem Sie angehören, unverdientes Unrecht Wegmann! Wohl ihm, daß seine Fürsten es besser kennen, besser von ihm denken! fiel ihm der Prinz ins Wort.

Sie haben mir die Ehre erzeigt, mich oftmals zu befragen, meine Ansicht gelten zu lassen. Hoheit! Soll ich Ihnen heute lügen, da Ihnen die Wahrheit hart erscheint?

Der Prinz antwortete nur durch einen Händedruck. Es entstand eine Pause. Dann fragte er: Was wollten Sie sagen, als ich Sie unterbrach?

Ich wollte sagen: Wir werden keinen Wiederstand zu leisten im Stande sein, denn wir haben kein Volk.

Kein Volk?

Nein Hoheit! Ich nenne nur das ein Volk, das freier Herr seines Landes ist, das sein eigenstes Eigenthum vertheidigt, wenn es für sein Land den Kampf beginnt. Wir haben besoldete Beamte, sie dienen jeder Macht, und müssen ihr dienen, denn sie leben vom Solde und sind Maschinen der Gewalt; wir haben Leibeigene, abhängig von dem reichen Gutsbesitzer, der den Frieden will, um seiner ruhigen Ernbte willen; wir haben Krämer, denen ihr Groschengewinn das Höchste, das einzig Wichtige scheint, und reiche Kaufleute, welche den Rock des gemeinen Soldaten für die Strafkutte halten, in die sie ihre mißrathenen Kinder stecken. Wo sehen Sie da die Elemente eines Volkes? Ich sehe nur Knechte! Knechte der Macht und des Besitzes! Die sind kein Volk, welches sich den freiheitjubelnden Franzosen entgegenstellen kann.

Der Prinz versank in Gedanken. Nach einer Weile sagte er zu sich selbst sprechend: also Unterwerfung? schmachvolle Niederlage? Demüthigung vor diesem Bonaparte?

Hoheit! davon ist ja nicht die Rede, fiel Wiesel ein. Sehen Sie denn nicht, daß Sie hier immer den alten republikanischen Schwärmer vor sich haben, der seinen Fürstenhaß durch Schweigen an den Tag legte, als Sie damals die Fabrik besuchten? Wer denkt denn an die Völker? Bonaparte gewiß nicht, der nur für seinen Ehrgeiz kämpft. Es handelt sich hier darum, ob die Fürsten von Hohenzollern den Uebermuth des Korsen ertragen wollen, oder nicht. Das Volk schwiege geduldig dazu, und feierte den Einzug Bonapartes in Berlin mit derselben Ergebenheit, mit welcher die Hildesheimer den Einzug des Grafen Schulenburg und der preußischen Truppen in Hildesheim gefeiert haben, als dieser es für Preußen in Besitz nahm. Das Volk ist eine stupide Masse, die essen und trinken, heirathen und Kinder zeugen will, gleichviel ob unter diesem oder jenem Herrn. Wer denkt an's Volk!

Kein Volk? wiederholte der Prinz nach einer Pause. Und wir hätten kein Recht, die preußischen Männer gegen Frankreich in den Kampf zu führen, so lange sie nicht freie Männer in ihrem Lande sind? Wir hätten kein Recht, auf das Volk zu zählen?

Nein! sagte Wegmann mit höchster Bestimmtheit.

Aber rechnen Sie die Liebe zum Vaterlande für Nichts, Wegmann? Diese Liebe, die selbst bei wilden Stämmen zu den Naturinstinkten gehört?

Was bei den Wilden instinktiv ist, Hoheit, muß in dem entwickelten Geiste des civilisirten Menschen die Zustimmung der

Vernunft erhalten, um zu bestehen. Die Liebe roher Völker für die Scholle sollte man eher Heimathsliebe, als Vaterlandsliebe nennen. Sie zwingt den Menschen um der Scholle willen, Bedrückung und Tyrannei zu dulden, ist Instinkt, und ein sehr untergeordnetes Gefühl. Jene höhere Vaterlandsliebe aber, welche nicht zum Dulden, sondern zum Handeln, zu Thaten treibt, kann der reife Mann nur für das Land empfinden, das ihn in seinen Rechten, in dem freien Gebrauch seiner Kräfte schützt. Für solche Liebe bieten England, bieten Frankreich Raum. In Preußen sehe ich noch keinen Boden für diese Art der begeisternden Vaterlandsliebe, und es giebt Viele unter uns, die leichter in dem freien Frankreich, als in Preußen ihr Vaterland finden würden.

Alle schwiegen, und gingen Jeder mit sich selbst beschäftigt, neben einander her. Endlich sagte Wiesel: Pauline hat mir heute erzählt, Hoheit! wie thöricht sie sich wieder gegen Sie betragen hat. Halten Sie es ihr zu gut. Sie ist eben ein verzogenes Kind, das allen seinen Einfällen Folge giebt, nachträglich bereuend, was sie gethan hat. Ich fand sie weinend über ihre Unart, als ich sie mit Herrn von Heldrich besuchte.

Zum zweiten Male hörte der Prinz heut diesen Namen aus Wiesels Munde. Er mußte wissen, ob es derselbe, ob es die Absicht Wiesels sei, ihm mit dieser Erwähnung widerwärtige Erinnerungen zu erwecken. Er fragte, wer Heldrich sei, und wo Wiesel ihm begegnet wäre?

Herr von Heldrich ist ursprünglich in preußischen Diensten gewesen, aber durch Mißverhältnisse mit seinem Chef gezwungen worden, den Abschied zu nehmen. Jetzt dient er dem französischen Divisionsgenerale Sarasin, der am Niederrheine steht, als Secretair. Wir haben ihn zufällig kennen lernen, und er ist uns als Landsmann behilflich gewesen, eine Truppenlinie zu passiren. Ich glaube, es ist eine Erbschaftsangelegenheit, die ihn nach Berlin geführt hat, und ihn hier zu längerem Verweilen nöthigt.

Der Prinz konnte keinen Augenblick daran zweifeln, daß er es hier mit seinem Feinde zu thun habe. Er ließ sich das Aeußere des Mannes beschreiben, es traf zu. Nicht ohne Empfindlichkeit fragte er, ob Wiesel die Ursache von Heldrich's Dienstaustritt, die Art und Weise kenne, in der er selbst dabei betheiligt sei?

Aber Wiesel war nicht davon unterrichtet. Jenes Abenteuer in der Kaserne hatte sich wenig Tage vor seiner Hochzeit und der darauf folgenden Abreise ereignet, und der Name des Offiziers war damals entweder noch nicht genannt worden, oder Wiesel hatte ihn überhört. Wie lange Heldrich in Berlin verweilen würde, wußte er nicht anzugeben, und aus begreiflichen Gründen brach Louis Ferdinand selbst das Gespräch bald wieder ab.

Indeß der Gedanke, daß Heldrich in Berlin sei, daß Pauline ihn kenne, ließ dem Prinzen keine Ruhe. Er fühlte sich in einer Abhängigkeit von diesem verhaßten Menschen, die ihm entsetzlich erschien, ohne daß er ein Mittel fand, sich davon zu befreien, um so weniger, da Heldrich selbst sein Vaterland aufgegeben, und französische Dienste genommen hatte. Ein jeder Schritt des Prinzen, der jene Angelegenheit in Schricke berührte, konnte sie aus dem Dunkel hervorziehen, und einer Oeffentlichkeit in den französischen Blättern Preis geben, die höchlich zu fürchten war, da Bonaparte sie nach seiner Weise mit Freude benutzen konnte, die Ehre eines legitimen Fürsten anzugreifen.

Zerstreut die Fragen Wiesels beantwortend, welcher über den Maskenball Auskunft verlangte, der zum Geburtstage der Königin stattfinden sollte, gelangten sie vor die Wohnung des Prinzen, vor der er sich von Wiesel und Wegmann trennte.

Es war schon Dämmerung und kühl, als Louis Ferdinand sein Haus betrat. Aber gegen seine Gewohnheit befand sich François, welcher bei zunehmenden Jahren die Abendluft mehr und mehr fürchtete, in der Loge des Portiers, sich in einer Weise die Hände reibend, welche bei ihm eben so gut ein Mittel zur

Erwärmung, als der Ausdruck einer inneren Genugthuung zu sein pflegte.

Voyez-vous! hatte er dem Portier gesagt, es ist nichts mit unserem arrangement bourgeois, kein Anstand, kein Eklat. Mademoiselle, welche bisweilen gern la princesse spielen würde, ist doch nichts qu'une petite bourgeoise, die jeden Torf selbst an das Feuer schieben möchte, um für die Zukunft zu sorgen; als ob ein Prinz und seine Kinder Das nöthig hätten comme nous autres.

Na! meinte der Portier, sie ist so übel nicht —

Weil Sie von ihrer Jalousie profitiren? fragte François spöttisch. Comment Vous paie-t-elle jedes Billet an Seine Hoheit, das Sie ihrer Kontrole überliefern.

Der Portier vertheidigte sich, er behauptete, François thue ihm Unrecht, er sei dem Prinzen treu ergeben, und habe niemals seine Pflicht verletzt, nie ein Geheimniß seines Herrn verrathen.

François aber kniff lächelnd das linke Auge zu, blickte mit dem andern den Portier schelmisch an, zog die Dose heraus, und sagte, jenem eine Prise anbietend: Jeder für sich, Dieu pour nous tous! Heureusement sind es nur les petits billets, welche hier in dem Gitter der Loge hängen bleiben können, les gros paquets comme les grands secrets gehen ungehindert durch. Kleine Schelme hängt man, große läßt man laufen comme Vous dites en allemand.

Bei diesen Worten François' war der Prinz in das Vestibül getreten, und der Alte öffnete die Thüren, seinem Herrn vorausgehend. Auf die Frage desselben, ob irgend eine Botschaft für ihn gekommen sei, antwortete er: le petit laquai von Frau von Cäsar.

Was hat er gebracht?

Eine mündliche Bestellung, qu'il ne voulait dire qu' à Votre Altesse elle même! Er ist noch in meinem Zimmer.

Der Prinz, eine versöhnende Botschaft Paulinens ersehnend, flog die Treppe hinauf in sein Gemach, und befahl den Diener einzuführen. In der Fensterbrüstung lehnend, erwartete er die Ankunft desselben, und blickte durch das Halbdunkel des noch unerleuchteten Zimmers nach der Thüre, welche François öffnete, um den Diener einzulassen.

Was bringen Sie? fragte der Prinz.

Mich selbst! rief eine Stimme, die das Herz des Prinzen hoch aufklopfen machte, und Pauline lag zu seinen Füßen, seine Kniee umklammernd, und ihr Haupt an ihn pressend.

Er wollte sie emporheben, sie in seine Arme ziehen, sie litt es nicht. Sich fest an ihn schmiegend, rief sie; Nein! nein! nicht an Deinem liebenden, von mir gemarterten Herzen ist mein Platz. Hier laß mich knieen und weinen. Ich bin nicht werth, den Staub zu küssen, den Dein Fuß berührt hat, ich bin's nicht werth — und doch mußte ich zu Dir.

Der Prinz schloß sie voll Zärtlichkeit an seine Brust, er bedeckte sie mit seinen Küssen; er schwor ihr, Alles vergessen, Alles vergeben zu haben, und Nichts zu empfinden, als das Glück, ihre Stimme wieder zu hören, sie in seinen Armen zu halten.

Aber ich muß Dich sehen, Pauline! es ist mir, als fehlte mir die Sonne, als ginge ich im kühlen Wolkenschatten, wenn Dein Auge mir nicht in seiner hellen Schönheit entgegenstrahlt.

Er schellte, und François brachte Licht. Des Alten Gesicht glänzte vor Vergnügen. Das war ein Abenteuer nach seinem Geschmacke, ein Rendezvous dicht neben den Zimmern Henriettens, ein Genuß am Abgrunde der Gefahr.

Pauline hatte sich geweigert, das Licht bringen zu lassen, der Prinz schalt sie, daß sie ihm neidisch den Anblick ihrer Schönheit entziehen wolle. Bald lag er vor ihr auf den Knieen, ihre Füße zu küssen, welche in der männlichen Bekleidung noch zierlicher erschienen, bald hob er sie empor, sie trotz ihres Sträubens auf seinen Armen durch das Zimmer tragend, bis er sich wieder niedersetzte, sie auf seinen Knieen haltend und mit seinen Küssen bedeckend.

Aber im Gegensatze zu dieser maaßlosen Freude blieb Pauline stiller, als sie pflegte. Da der Prinz sie fragte, ob sie es bereue, gekommen zu sein, ob es ihr nicht Freude mache, ihn so glücklich zu sehen und seine Liebe zu empfinden? antwortete sie: Es demüthigt mich zu sehr, daß Du so glücklich bist, es ängstigt mich, daß Du mich so sehr liebst.

Dabei weinte sie still, der Prinz küßte die Thränen von ihren Wimpern, sprach ihr tröstend von seinem Glauben an sie, und sie hörte ihm sanft und beruhigt zu. Dann legte sie ihren Arm um seinen Nacken und sagte: Sprich nur immer! So lange ich den Ton Deiner Stimme höre, und an Deinem Herzen ruhe, komme ich mir selbst rein und heilig vor.

Plötzlich aber sich aufrichtend, und sich aus seinen Armen losmachend, schien ihre kindische Laune wiederzukehren. Sie trat vor den Spiegel, trocknete die Augen und rief: Wie mag nur ein Laquai in Liebesthränen aussehen?

Dergleichen Uebergänge hatten sonst an jedem anderen Menschen etwas sehr Verletzendes für den Prinzen; er ward davon beleidigt, wie von einer grellen Dissonanz. An Pauline ertrug er sie geduldig, denn sie waren durch Wiesels Spottsucht an sie gekommen, und gewannen in ihr einen neckischen Reiz, der sie weniger schroff erscheinen machte.

Schweigend stand er neben ihr, während sie vor dem Spiegel ihr Haar ordnete, abwechselnd sie selbst und ihr Spiegelbild betrachtend, als die Tapetenthür sich öffnete, die aus den Zimmern des Prinzen in die Zimmer Henriettens führte, und diese selbst herein trat.

So schnell Pauline sich abwendete, hatte Henriette sie doch erkannt. Ein Ausweichen war unmöglich. Mit einem Aufschrei des Zornes, der tödtlichsten Kränkung, sank die Letztere in krampfhaften Zuckungen auf das Sopha, während Pauline sich eilig entfernte.

Stunden und Tage des traurigsten Kampfes begannen mit diesem Augenblicke. Zwischen der neuen, ihn ganz beherrschenden Leidenschaft für Pauline, und der nie erloschenen Neigung für Henriette schwankend, von den Eigenthümlichkeiten beider Frauen gequält, eifersüchtig auf Beide, litt der Prinz die entsetzlichsten Seelenfoltern, während seine äußere Thätigkeit auf die widersprechendste Weise durch jenes Maskenfest in Anspruch genommen wurde, mit dem man am zehnten März den Geburtstag der Königin feiern wollte.

Man hatte viertausend Personen dazu geladen, der Prinz war der Unternehmer desselben, sich seinen Obliegenheiten dabei zu entziehen, war unmöglich für ihn. Und so gering eine solche Aeußerlichkeit erscheinen mag neben tiefem inneren Leiden, so trugen die kleinen Verdrießlichkeiten, welche von derlei Beschäftigungen unzertrennlich sind, reichlich dazu bei, die Mißstimmung des Prinzen bis zum Unerträglichen zu steigern.

Zwölftes Kapitel.

Irgend eine Verwicklung zwischen Pauline und Henriette befürchtend, hatte der Prinz es von der Ersteren erlangt, daß sie den Maskenball nicht besuchen solle. Während ihre Mutter sich bereits zu demselben schmückte, saß er noch in Paulinens Zimmer, das Haupt der Geliebten an seine Brust gelehnt, sie ruhig mit dem vollen Glück der Liebe betrachtend.

Wie Du schön bist in der Ruhe, Pauline, sagte er. So schön, daß ich Dich nicht zu küssen wage. Niemand hat Dich so gesehen in der Welt; denn nie, das weiß ich, kannst Du die Zuversicht, den Frieden empfunden haben, die Du jetzt in meinen Armen fühlen mußt. Die Anderen sehen Dich glänzend, reizend, bezaubernd durch Dein strahlendes Siegbewußtsein; ich sehe Dich so ruhig, so unschuldig schön, wie die Venus dem Meere entstieg. Vor dieser Ruhe schweigen alle meine heißen Wünsche, und mein Herz wird still vor dieser sanften Hingebung.

Sie hatte die Augen geschlossen, deren Lider und lange Wimpern er leise küßte; dann richtete sie sich empor, schlang den Arm um seinen Nacken und sprach: Louis! wenn dieser einen friedensvollen Stunde ein langes Leben voll Schmerz folgte, mir bereitet durch Dich, glaube nicht, daß ich nicht dennoch glücklich wäre in dem Gedanken Deiner Liebe. Was in meiner Seele vorgegangen ist, ich weiß es nicht; aber in diesem Augenblicke fühle ich mich frei von jeder schmerzlichen Erinnerung, frei von den Fesseln meiner Ehe, frei von Eifersucht gegen Henriette, frei von allem Trennenden. Dir eigen, Dir ganz allein gegenüber in der menschenwimmelnden Welt. So glückselig allein mit Dir, als wären wir weit, weit fort von hier, auf einer jener ewig frühlingsschönen Inseln der Südsee, von denen die Dichter erzählen.

Sie legte ihr Haupt wieder an seine Brust, er hielt sie sanft umschlungen. Louis Ferdinand, der leidenschaftlichste Mann und Pauline, eine Frau, deren Seelenunschuld untergegangen war in der Unschönheit wechselnder Liebe, ruhten Brust an Brust in stiller Einsamkeit, süß begnügt durch das Bewußtsein eines Gefühles, dessen Stärke sie über sich selbst erhob. Beide fühlten sich neugeboren und geläutert, und so wenig ein Gläubiger das gnadenspendende Madonnenbild herniederziehen würde aus der Höhe, auf die er selbst es gestellt, um es anzubeten auf seinen Knieen, so wenig hätte der Prinz es gewagt, den Frieden dieser Stunde zu entweihen durch einen leidenschaftlichen Wunsch.

Wie gute, reine Kinder wir wieder geworden sind, meine Pauline! sagte er sanft.

Erzähle mir denn ein Mährchen, wie einem Kinde, bat sie ihn.

Und wovon?

Von den seligen Inseln im fernen Meere, Geliebter!

Kennst Du die nicht, Pauline? Ganz fern, ganz unten in dem stillen Meere, da liegt die selige Insel, auf der es nie Winter wird. Immer scheint die Sonne warm und hell auf die Büsche großblättriger Blumen, die sich unter Palmenbäumen über dem schwellenden Rasen biegen zu Lauben. Kein Sturm, kein greller Laut stört diesen Frieden. Sanfte Gazellen nähren sich von den duftigen Blüthen der Rose, stille Wasservögel ziehen durch die blauen Bäche, und Schmetterlinge wiegen sich in der Luft, groß und bunt wie die Blüthen der Orchideen, die sich hinaufranken bis in die höchsten Gipfel der Balsam ausströmenden Harzbäume, daß das Auge nicht weiß, ob der Schmetterling eine Blüthe der Luft ist, oder die Blume des Baumes ein farbenstrahlender Vogel. Und all diese Blumen und Bäume rauschen, und die Schmetterlinge und Käfer schwirren, und die Vögel singen leise, leise, vom Murmeln des sanft anplätschernden Meeres begleitet, das Eine große Wort, das Wort, welches den beiden einsamen Kindern in dem Herzen klingt, die dort still versunken und selig ruhen aneinander, ewig Eins in sich, unzertrennlich ewig. Weißt Du das Wort Pauline?

Liebe! hauchte sie leise.

Ja Liebe! ewige, unwandelbare Liebe! bis in den Tod! rief der Prinz, mit tiefster Empfindung sie an sein Herz pressend, als man an die Thüre klopfte.

Es war François, der die Ankunft des Wagens meldete und den Prinzen an die Toilette zum Maskenballe mahnte.

Er mußte fort. Ruhig und mild sagte er Pauline Lebewohl, sie küßte ihm die Hand, als er schied. Es war eine heilige Stunde gewesen, wie das Leben sie nur seinen Auserwählten bereitet.

Aber schon rollten die Wagen zum Schauspielhause, in welchem die bunteste, glänzendste Menschenmenge auf und niederwogte, als um neun Uhr der Hof den Ballsaal betrat.

Das Parquet war mit der Bühne gleichmäßig erhöht, und das ganze innere Schauspielhaus als Tempel der Freude und der Begeisterung dekorirt. Die Treppen, die Korridors, alle angrenzenden Säle und Räume, hatte man in Bosquets verwandelt. Zwischen dem strahlenden Flimmern tausender von Kerzen, wanderten die Masken umher, während sich die Festspiele vorbereiteten.

Das erste derselben, Alexanders Rückkehr von seinem indischen Siegeszuge, war für die Königin angeordnet, die selbst daran Theil nahm. Es sollte sie als die Königin des Festes verherrlichen.

Mitten auf der Bühne erhob sich der Tempel der Sonne. Bei dem Klange einer sanften Musik opferte hier ein Chor von Magiern dieser höchsten Gottheit, und segnete die Abgesandten der Scythen, Meder und Aegypter, welche dem Alexander entgegen ziehen wollten, um seine Gnade zu erflehen.

Umgeben und beschützt von diesen Abgesandten, befanden sich die Frauen des Darius. Statira, des Darius Tochter, führte sie an. Es war die Königin von Preußen. Die schönsten Frauen des Hofes, die Prinzessin Wilhelm, die Fürstinnen Radziwil und Hatzfeld, die Gräfinnen Tauenzien, Hardenberg, Molk, bildeten die hervorragendsten Erscheinungen ihres Gefolges.

In malerischen Gruppen geordnet, traten die Priester und die Abgesandten der Völker zur rechten und linken Seite des Altars, während die verschleierten Frauen sich demselben näherten, um ihrer Seits das Opfer zu vollziehen.

Mit edler Würde stieg die Königin die Stufen des Altars empor, sich dreimal neigend, und den Schleier zurückschlagend, welcher sie bis dahin verhüllt hatte.

Ein allgemeiner Ausruf des Entzückens ertönte durch das Haus. Nur die Achtung hielt das donnernde Vivat zurück, von dem die Erscheinung der Königin immer begrüßt ward, wo sie sich zeigte. Mit ausgebreiteten Armen, das schöne Antlitz zur Sonne erhoben, flehte sie Segen herab auf diese Stunde, während die andern Frauen knieend am Fuße des Altares lagen. Dann empfing sie aus der Hand der Prinzessin Wilhelm die goldene Opferschale; die Fürstin Radziwil füllte sie, und dreimal frisch gefüllt, goß die Königin sie in das heilige Feuer des Altares.

Als sie hinabstieg von dem Opfer, erscholl kriegerische Musik, das Nahen des Helden verkündend. Prinz Louis Ferdinand erschien, als Hephaestion, die Ankunft seines Waffenbruders Alexander zu melden, welcher von dem Bruder des Königs, dem Prinzen Heinrich dargestellt wurde. Eine Schaar junger Feldherrn und Krieger folgten ihm, und hielten einen Umzug um die Bühne, während die Abgeordneten der überwundenen Völker, und die Frauen des Darius, in demüthiger Haltung den Willen des Siegers erwarteten, der fest und stolz auf sie herniederschaute.

Plötzlich fällt sein Blick auf Statira. Er bleibt geblendet stehen. Sie kniet vor ihm nieder, er hebt sie empor und erwählt sie, indem er sein Schwert vor sie niederlegt, und sie in seine Arme schließt, zu seiner Gemahlin, die Schönheit mit der Heldengröße vereinend.

Gleichsam als wollten diesen glücklichen Moment die Götter segnen, erschien Nearch — Prinz Wilhelm — der Feldherr Alexanders, heimkehrend von der Eroberung der Inseln und Küsten, neue Trophäen und neue Gefangene dem Herrscher zuführend. Dankbar umarmt von seinem Herrn, empfängt er aus Statira's Hand die schönste Perserin zur Gemahlin. Statira fleht die Gnade ihres Gatten für die Besiegten an, und auf seine Erlaubniß löst sie die Fesseln aller Gefangenen, da Niemand unglücklich sein darf, wo Schönheit und Heldengröße sich auf dem Throne verbinden.

Freudenfanfaren und Dankeshymnen begleiteten diese Handlung. Kinder und Landleute brachten Kränze und Laubgewinde herbei, das Herrscherpaar zu krönen. Die Gruppen lösten sich in Züge und Tänze auf, und das schöne Bild war für immer entschwunden, um im Andenken aller Derer fortzuleben, denen es zu schauen vergönnt worden war.

Andere Pantomimen und Aufzüge, an denen jedoch die Personen des königlichen Hauses nicht mehr thätigen Antheil nahmen, folgten dieser Ersten, nach deren Beendigung Prinz Louis, als der Vorsteher des Festes, die Königin durch die Räume des Schauspielhauses führte, um sie die verschiedenen Anordnungen betrachten zu lassen.

Als sie nun an seinem Arme hinschritt, und er sie anblickte, fand er sie bleicher, als es sonst bei ihrer blühenden Jugendfrische der Fall zu sein pflegte, und statt der Freude, welche er in ihren Zügen zu lesen gehofft, hatte eine trübe Wolke des Schmerzes ihr schönes Antlitz beschattet.

Vergebens erwartete der Prinz ein Wort des Dankes, einen Lobspruch über die Anordnung des Festes. Freundlich, aber doch sichtbar zerstreut, hörte die Königin seinen Worten zu, so daß er sie endlich fragte, was ihre Seele beschäftige und von der Lust dieses Festes abziehe?

Glauben Sie wohl, daß es Ahnungen giebt? daß das Schicksal uns in Bildern unsere Zukunft zeigt, uns, mitten in dem Rausch der Freude an die Vergänglichkeit aller irdischen Größe mahnend? fragte sie ihn.

Welch' düstrer Gedanke! rief der Prinz, und wie konnte er Ihnen grade in der Heiterkeit dieses Festes kommen? Sie, schön, angebetet von den Ihren und von dem Volke, Sie wenigstens sollten sich sorglos dem Genusse des Lebens hingeben!

Ja, mein Cousin! wenn ich nicht Königin von Preußen wäre! sagte sie mit einem schmerzlichen Lächeln, das sogleich in dem Prinzen eine Reihe ernster und trüber Gedanken hervorrief.

O, Sie glauben es nicht, fuhr sie fort, wie diese Pantomime mich erschüttert hat. Mehrmals haben wir sie versucht, und sie ist mir ein gleichgültiges, ein heitres Spiel gewesen. Aber als ich nun dastand vor der Menge, eine Königin an der Spitze überwundener Völker, besiegt, gedemüthigt, Gnade flehend, die Ankunft eines stolzen Siegers erwartend; und als ich an ihn dachte, an den Unersättlichen, an den unüberwindlichen Alexander, der von Westen uns bedroht, als ich mir es vorstellte, wenn ich so knieen müßte,

Schonung, Gnade erbittend von Bonaparte! Mein ganzes Herz war eine blutende Wunde während dieses Spieles; meine Seele ein Aufschrei zu Gott, er möge dies Elend abwenden von uns. Ich schämte mich vor meinem Volke unseres heiteren Festes, während solche Wetterwolken drohend über unsern Häuptern schweben.

Ihre großen blauen Augen schwammen in Thränen, ihre Hand zitterte auf dem Arme des Prinzen, der, tief erschüttert durch ihre Worte, sie nicht zu beruhigen wagte, denn der Augenblick war zu ernst, um ihn durch Unwahrheit zu entweihen, und er selbst hatte keinen Glauben mehr an die gegenwärtige Macht und Stärke seines Vaterlandes.

Die Königin las es in seinen Mienen. Sorglich um sich blickend, daß nicht der König es höre, der seine Mutter führend, dicht vor ihnen herschritt, oder eine der nachfolgenden Personen es vernehme, sagte sie: Wenn es geschähe, wenn der Kampf unvermeidlich würde für uns, und der Himmel das Schwerste über uns verhängte, versprechen Sie mir Cousin, daß Sie dem Könige dann nicht fehlen werden, daß Sie, ein treuer Herbaestion als Waffenbruder neben ihm stehen wollen, daß Sie Blut und Leben daran setzen, die Krone und die Ehre unseres Hauses zu schirmen.

So wahr ich Louis Ferdinand und ein Hohenzoller bin.

Die Königin reichte ihm ihre Hand, um seinen Schwur zu empfangen, er drückte sie fest in der seinen, und neigte dann ehrfurchtsvoll seine Lippen darauf. Das Gefolge wähnte, die Königin habe ihm ihren Dank für das wohlgelungene Fest ausgesprochen, und das Publikum staunte das schöne, in frischer Jugend strahlende Fürstenpaar an, das Glück der Hochgeborenen preisend, und vielleicht beneidend.

Ferner ab, in den Korridors und Nebensälen, begannen indessen, nachdem die Festspiele vorüber waren, die gewöhnlichen

Freuden des Maskenballes sich zu regen, neckende Scherze, kecke Späße und kleine Intriguen.

Heiter bewegten sich hier fast alle Personen, welche dem Kreise des Prinzen angehörten, und Henriette Fromm, in der Maske einer Polin, die kleine rothe Konföderatka auf die blonden Locken gedrückt, wanderte abwechselnd an Dusseks und Vetters Arm umher, Pauline suchend, weil sie nicht glauben wollte, daß diese wirklich der Lust des Balles entsagt habe. Sie behauptete, Pauline werde sicher in irgend einer unscheinbaren Maske anwesend sein, um den Prinzen ungestört zu sehen.

Nein, nein, Henriette, sagte Vetter, verlassen Sie sich darauf, Pauline ist nicht hier.

Aber weshalb nicht? was kann sie bewogen haben zu Hause zu bleiben?

Es geht in Pauline eine Umwandlung vor. Sie bildet sich ein, aus Liebe zum Prinzen, ein neues, idealisches Leben zu beginnen, und Rahel bestärkt sie darin, ohne zu bedenken, daß Idealismus zwischen den Beiden eine Unmöglichkeit geworden ist. Die Hauptsache aber ist, Pauline entzieht sich Wiesels Tyrannei ganz und gar, nimmt nicht einmal mehr ihr Nadelgeld von ihm an, weil der Prinz dies nicht wünscht, und fügt sich in alle Anordnungen desselben, um ihn zu der morganatischen Ehe zu bewegen, an die er denkt.

Wer sagt Ihnen das? fragte Henriette erbleichend.

Wiesel selbst, der es durch den Minister Haugwitz erfahren hat. Der Prinz hat mit seiner Mutter davon gesprochen, ihre Zustimmung und Vermittelung verlangt, und sich erboten, seiner Seits dafür dem Prinzen August einen Theil seiner Erbschaft abzutreten, sobald seine Schulden getilgt, und er Herr seines Vermögens sein würde.

Diese Anfrage wegen der Ehe galt mir und den Kindern! behauptete Henriette.

Täuschen Sie sich nicht, sie galt Paulinen. Er hat diese ausdrücklich genannt.

Aber Wiesel? was sagt Wiesel dazu? fragte Henriette, wird er sich von Pauline trennen?

Nein! und Sie sollen uns beistehen, denn Wiesels Wünsche und die Ihren gehen Hand in Hand.

Und auch Ihr Interesse, Vetter! fiel ihm Henriette in's Wort, denn auch Sie billigen diese Ehe nicht, können Sie nicht billigen, weil Sie immer noch Pauline lieben.

Und wenn es so wäre, wenn ich Pauline nicht dem Schmerze ausgesetzt zu sehen wünschte, den des Prinzen sichere Unbeständigkeit ihr bereiten wird, würden Sie das unnatürlich finden? Würden Sie weniger bereit sein, sich selbst zu schützen, weil das auch meinem Empfinden angemessen wäre?

Nein! gewiß nicht Vetter! Fordern Sie was Sie wollen, Alles, ich bin zu Allem bereit! rief sie, als eine Maske im Dominikanergewande ihr nahte, ihr einen Brief reichend, mit den Worten: Lesen Sie und besorgen Sie die Einlagen. Es kommt von Freundeshand.

Ehe sie eine weitere Frage thun konnte, war der Dominikaner verschwunden. Der Brief trug ihren Namen. Vetter, welcher die Lokalität des Theaters sehr wohl kannte, führte sie in ein entfernteres Gemach, das zu dem Kostümwechsel bei den Festspielen benutzt worden, und nun einsam war. Hier öffnete Henriette den Brief.

Er enthielt nur die Worte: Geben Sie den einen, der hier eingeschlossenen Briefe dem Prinzen, den andern an Madame Wiesel. Es ist der Tod Ihrer Nebenbuhlerin.

Henriette wollte die Briefe erbrechen, Vetter sie daran verhindern. Um dies zu thun, hielt er ihre Hand in der seinen, und setzte der leidenschaftlich Erregten, die sich auf einen Stuhl geworfen hatte, die Nothwendigkeit auseinander, diese Briefe zu vernichten, die ihm für Pauline unheilbringend schienen.

In diesem Augenblicke trat der Prinz ins Zimmer, um Etwas an seiner Rüstung zu ordnen. Henriettens Aufregung entging ihm nicht. So allein? fragte er, und so fern von der Gesellschaft? und in so erregender Unterhaltung?

Die Unterhaltung betraf nur Dich, wie dieser Brief, den man mir für Dich gegeben hat. Sie reichte ihn dem Prinzen, den andern, für Pauline bestimmten, in ihrem Kleide verbergend.

Der Prinz öffnete das Kouvert. Es lagen zwei Karten darin; die eine trug den Namen August von Heldrich. Die andere, schwarz gerändert, enthielt die Worte: Am 5. März verschied zu Sonnenfeld, nach langen schweren Leiden, meine Gattin Mathilde Scheinert, geb. von Wernink, an einer Herzkrankheit. Diese Nachricht meldet unter Verbittung der Kondolenz der tiefbetrübte Gatte.

Eine Todesblässe überzog das Antlitz des Prinzen, seine Kniee wankten, er hatte Mühe sich aufrecht zu erhalten. Er wollte fragen, sprechen, aber er fand keine Worte, die Zunge versagte ihm den Dienst.

Mit Schreck sah Vetter, mit Entsetzen Henriette die gewaltige Erschütterung des Prinzen. Wie muß er Pauline lieben, wenn er so um sie leidet, sagte sie sich, von dem Glauben beherrscht, hier sei von irgend einer Untreue Paulinens die Rede, welche man dem Prinzen verrathen habe. So blieb sie kalt und mitleidslos bei dem Empfinden desselben, und der Prinz haßte sie dafür, denn er wähnte, sie wisse, welche Botschaft sie ihm verkündet habe, sie weide sich an seinem Schmerze.

Diesen Triumph wollte er ihr nicht gönnen. Er raffte sich gewaltsam zusammen. Es ist genug, rief er, daß Du Theil hast an meinem Glück, mein Schmerz soll mein sein, mein allein! Verlaß mich, ich will allein sein!

Henriette that es. Sie nahm Vetters Arm und entfernte sich schweigend.

Alle drei hatten den Tod im Herzen.

Dreizehntes Kapitel.

Am andern Morgen erwartete Pauline vergebens den Besuch des Prinzen, der ihr versprochen hatte, zeitig zu ihr zu kommen, und ihr den Verlauf des Festes zu berichten. Statt dessen sendete ihr Henriette den Brief, mit dem Bemerken, er sei ihr gestern von einem Mönche auf dem Maskenballe für Pauline übergeben worden.

In einem Ueberkouverte mit Paulinens Adresse lag ein zweites, ungesiegeltes Blatt unter der Aufschrift: an den Prinzen Louis Ferdinand. Er war von einer Frauenhand geschrieben und lautete:

Sie haben mich von Dir getrennt, lange, lange schon; es war damals, als die Sonne unterging, und es Nacht ward für immer. Weit, weit sind sie mit mir umhergefahren und haben mich herumgeschleppt in Gegenden, die ich nicht sehen mochte, denn Du lebtest nicht in ihnen, und haben mich in Gesellschaften geführt, in denen Du nicht warst. Ich sollte lächeln und heiter sein, und Dich vergessen. Und man hat mir den Prediger gesendet und mich mahnen lassen an meine Pflicht, und den Arzt, die Schmerzen meiner Seele zu stillen mit dem widrigen Gebräu seiner Medikamente. Ich habe Alles geschehen lassen, Alles gethan, was man verlangte, bis meine Kraft erlag. Von da ab fand ich Frieden und Ruhe.

Sie ließen mich schwören bei Deinem Leben, daß ich Dir nie schreiben würde. Seit ich krank und einsam auf meinem Bette lag, hatte ich wenigstens den Trost, unablässig, ungestört Dein zu denken, und der unaussprechlichen Seligkeit, welche Deine Liebe mir gewährte.

Meine Kraft ist zu Ende, selbst die Hand will nicht mehr den Dienst verrichten, mein Bote zu werden an Dich. Das Herz, in dem Nichts lebte als Dein Bild, erstickt mich mit seinen wilden Schlägen, es wird bald gebrochen sein. Dann denke meiner! O wäre ich im Stande, als Dein Schutzgeist über Dir zu schweben, und Dich zu schirmen! Es ist der letzte Gruß von mir, möge er meine ganze Seele zu Dir tragen, und wenigstens dies letzte Liebeszeichen Deiner Mathilde in Deine Hände gelangen. Ich will das Blatt auf meinem Herzen bewahren, bis dies Herz stille steht; vielleicht sichert das dem Blatte den Weg zu Dir. Und so leb wohl und habe Dank für Deine Liebe, die der Lichtpunkt meines Lebens gewesen ist. Mathilde.

Der Brief war vom achtundzwanzigsten Februar unterzeichnet.

Pauline erstarrte. Das also war die unwandelbare Liebe des Prinzen? Das die Treue, welche er ihr gelobt hatte?

So warm, so hingebend sie noch am Abende zuvor den Prinzen geliebt, so tödtlich haßte sie ihn in dieser Stunde. Die Saat des Vertrauens, welche er mit sorglicher Liebe in ihrer Seele gepflegt, war niedergeschmettert, und mächtig schoß das Unkraut des zerstörenden Zweifels empor, den Wiesel in ihr genährt. Sie verlangte nach Wiesel, nach dem einzigen Menschen, der ihr nicht gelogen hatte, der ihr Wahrheit gegeben, wenn auch nur die traurige Wahrheit, daß es keine Liebe gebe, daß der Egoismus die Welt beherrsche, und seine Befriedigung durch Genuß der Zweck des Daseins sei.

Weinend, aufgelöst in Schmerz und Erbitterung, warf sie sich Wiesel an die Brust. Sie erzählte ihm, wie sie in der ersten Aufwallung ihres Zornes, den Brief Mathildens an Henriette zurückgesendet habe, um nicht allein die Qualen dieses Schmerzes zu tragen.

Sie soll leiden wie ich, und der Prinz soll leiden, maaßlos leiden, denn ich leide unendlich, rief sie die Hände ringend, und in wilder Verzweiflung, mit aller Heftigkeit, welche ihr eigen war, ihr schönes Haar zerraufend.

In solchen Augenblicken beherrschte Wiesels kalte Ruhe sie immer vollkommen.

Siehst Du nun wohl, sagte er, sie mit dem scharfen Blick seiner hellblauen Augen anschauend, und sie gleichsam festbannend an die Gedankenreihe, die er in ihr erwecken wollte, siehst Du nun wohl, daß Du in der sogenannten leidenschaftlichen Liebe kein Glück finden kannst? und daß Du nach hundert neuen Enttäuschungen doch in meine Arme zurückkehren mußt und wirst?

Und ich habe ihm geglaubt! schluchzte sie, geglaubt, wie in den Tagen meiner ersten Jugend!

Du hast auch geglaubt, er werde die Energie haben, sich von Henriette frei zu machen, mich zur Scheidung zu bewegen, dem Könige die Erlaubniß zu einer morganatischen Ehe abzuzwingen. Ich weiß das Alles, Pauline! obschon Du es mir nie gestanden hast. Aber kennst Du die Welt so wenig? Glaubst Du ein Mann wie Prinz Louis werde solche Opfer bringen für Dich, deren Liebe schon Andere gewonnen und besessen ohne solche Opfer?

Jedes dieser Worte traf wie ein sicher geführter Dolchstoß Paulinens Herz, jedes tödtete eine Hoffnung auf Glück, ein Saatkorn des Guten in ihr. Sie war wie vernichtet.

Wiesel sah es mit kalter Ruhe. Wie ein Kind hast Du Dich in eine Mährchenwelt geträumt, Du arme Pauline! hast Dich als Fürstin gesehen und gnädig herabgeblickt auf den armen Wiesel, der einmal gemeint, er verdiene es, Dich zu besitzen, weil er Dich nie mit süßen Worten getäuscht, weil er Dir das Leben nicht so poetisch dargestellt als Andere, sondern es Dir wahr geschildert hat. Aber Du willst nicht klug werden!

Ja! ja! ich will klug werden, schlecht werden wie Alle! ich will nicht mehr an das Gute glauben, ich will nicht glauben, daß ich, daß irgend Jemand sich erheben könne aus der allgemeinen Niedrigkeit. Sage Du mir, rathe Du mir, was soll ich thun? klagte Pauline.

Du sollst dem Prinzen schreiben, daß Du ihn nicht wieder sehen magst.

Willenlos, wie der Schmerz den Menschen macht, gehorchte Pauline, und schrieb was Wiesel ihr diktirte. Er selbst siegelte den Brief und sendete ihn ab.

Während dessen litt der Prinz noch schwerer als Pauline. Tief erschüttert durch das Andenken an Mathilde, welche sein Leichtsinn getödtet hatte, von Henriettens Vorwürfen und Thränen bestürmt, die erst jetzt Kunde erhielt von seinem Verhältniß zu der Gestorbenen, sah er sich in ein Labyrinth der traurigsten Verwirrungen gestürzt.

Was ihn am Schwersten niederwarf, war das Gefühl, wie er sein Leben aufreibe in diesen elenden Zerwürfnissen, statt es einem bedeutenden Zwecke zu weihen. Sein Thun und Treiben, alle seine Verhältnisse widerten ihn an. War es sein Beruf, der Beruf eines Mannes, eines Fürsten, in dieser kampfdurchwühlten Zeit sein Dasein in Liebeshändeln zu zersplittern? Ueberall rüstete man sich zum Kriege, in Rußland, Oesterreich, England war Gelegenheit zur That, Gelegenheit zu einem frischen, muthigen Tode in offener Kampfeslust. Er hätte hinziehen mögen, seine Dienste einer der kriegführenden Mächte anzubieten, denn Dienstbarkeit schien ihm leichter zu tragen, als die Ruhe, zu der er sich verdammt sah; aber die Prinzen des preußischen Hauses dürfen keinem fremden Herren dienen.

Der Gedanke, ein Dasein freiwillig zu enden, das in so enge Ketten geschlagen war, tauchte in diesen Stunden in ihm auf; indeß er warf ihn von sich, denn erst gestern hatte er mit heiligem Schwure dies Leben seiner Königin gelobt. Sein Leben war nicht mehr sein Eigenthum.

Müde dieses Kampfes brach er zusammen in der dumpfen Resignation des Bewußtseins, ein verfehltes Dasein tragen zu müssen, dessen letztes Glück der Besitz Paulinens war.

Da brachte François ihm ihren Brief. Er lautete: Ich habe Sie heute vergebens erwartet, und weiß jetzt, daß wahrscheinlich die Trauer um Mathildens Tod Sie abgehalten hat, mich zu besuchen. Diese Erinnerung wünsche ich in Ihrem Herzen nicht zu beeinträchtigen. Ich werde Sie nicht wiedersehen, denn ich weiß jetzt, daß alle jene Schwüre erheuchelt waren, mit denen Sie mein Vertrauen, meine Liebe gewannen. Mein Mann hat Recht, es giebt keine Liebe. Ich habe ihm Alles gestanden, und seinen Trost, seinen Beistand erbeten, um die neue Täuschung zu ertragen, welche Sie mir bereitet haben.

Dieser letzte Schlag lähmte die Widerstandskraft des Prinzen.

Fort! nur fort von dieser Stelle! rief er. Hier zu weilen, hier in Henriettens Nähe, in Berlin und von Pauline verlassen, das ist Unmöglichkeit!

Der Hof ging nach Charlottenburg, der Prinz war eingeladen, dorthin zu folgen. Allein, ohne Vorkehrungen irgend einer Art getroffen zu haben, warf er sich auf ein Pferd, und stürmte hinaus.

Es war ihm, als müsse er sein Leben unter die Augen der Königin stellen, um nicht zu vergessen, daß er es ihr gelobt habe für die Zukunft des Vaterlandes.

Erst von Charlottenburg aus ward ein Bote gesendet, François mit den Effekten des Prinzen nach Charlottenburg zu beordern, weil er nicht nach Berlin zurückzukommen gedächte.

Ende des zweiten Bandes.

Druck von Eduard Krause in Berlin.